축구용어해설집:
키워드로 읽는 축구 이야기

**축구용어해설집:
키워드로 읽는 축구 이야기**

김성진 지음

Minority Press

일러두기
1. 대륙별 축구연맹에서 '대륙'은 유럽, 남미, 북중미카리브, 아시아, 아프리카, 오세아니아를 지칭한다. 지역별 축구연맹에서 '지역'은 하나의 대륙, 예를 들면 아시아 대륙에서 동아시아, 서아시아, 중앙아시아 등 나눠지는 지역을 지칭한다.
2. 대륙별 축구선수권대회란 대륙에서 열리는 축구선수권대회인 유로, 코파 아메리카, 골드컵, 아시안컵, 아프리카네이션스컵, 오세아니아네이션스컵을 포괄한다.
3. 본문중에 표는 [대괄호], 뮤지컬과 영화는 《겹화살괄호》, TV프로그램, 드라마, 노래 제목은 〈홑화살괄호〉, 책과 월간지는 『겹낫표』, 책의 장 제목은 「홑낫표」로 표시했다.
4. 본문중에 영문표기는 축구대회, 연맹, 협회, 단체, 인물을 포함한 주요단어에 한정되어 있다. 국가, 클럽팀의 영문 명칭은 「찾아보기」에서 확인할 수 있다.

차례

들어가며 _____ 7

1부 축구연맹과 협회 그리고 축구대회
국제축구연맹 _____ 12

유럽축구연맹 _____ 18

남미축구연맹 _____ 28

북중미카리브축구연맹 _____ 36

아시아축구연맹 _____ 41

아프리카축구연맹 _____ 51

오세아니아축구연맹 _____ 60

축구협회 _____ 65

2부 알아두면 좋은 축구용어
풋볼클럽 _____ 81

리저브 _____ 86

등번호 _____ 90

해트트릭 _____ 96

골든골 · 실버골 · 원정다득점 _____ 101

A매치 · FIFA 센추리클럽 _____ 108

더비 매치 _____ 116

서드 유니폼 _____ 123

쿼드러플 · 트레블 · 더블 _____ 128

라 데시마 _____ 131
발롱도르·FIFA 올해의 선수상 _____ 135
유럽 5성급 경기장 _____ 139
참사 _____ 146
퍼기의 아이들 _____ 155
너는 절대 홀로 걷지 않으리 _____ 161

찾아보기 _____ 165

들어가며

축구를 처음 접할 때 생기는 고충 중에 하나는 축구대회가 너무 많다는 것이다. 클럽팀을 예를 들면, 국내에서 치러지는 네 개의 대회―리그, 컵 대회, 리그컵, 슈퍼컵―를 포함하여 성적에 따라 클럽대항전인 챔피언스리그나 유로파리그에 참여하게 되고, 우승까지 하게 되면 대륙별 축구연맹에서 주관하는 슈퍼컵과 국제축구연맹 FIFA가 주관하는 클럽월드컵까지 출전할 수 있다. 이는 하나의 클럽팀이 최대 일곱 개 대회도 출전이 가능하다는 뜻이다. 국가대표팀을 봐도 대회가 많은 것은 매한가지다. 월드컵, 컨페더레이션스컵, 대륙별 축구선수권대회, 지역별 축구선수권대회―동아시안컵―, 올림픽 등등 수도 없이 많다. 뿐만 아니라 자국 리그 내에서 승강제가 도입되고 있다는 점을 따져보면, 국내에 축구리그는 어마어마하게 많다.

    물론, 이런 정보들은 인터넷 검색으로도, 축구를 많이 볼수록 자연스럽게 터득할 수 있다. 하지만 축구에 막 관심이 생긴 이에게는 그 방대한 자료들을 일일이 검색해서 찾기란 쉽지 않은 일이다. 그래서 축구대회의 구조를 쉽게 이해시켜주고, 기본 상식과 더불어 흥미를 고취시킬 수 있는 글을 정리하고 싶었다.

    구성의 탄탄함을 위해 1부에서는 축구연맹과 협회를 키워드Keyword로 축구대회를 정리했다. 2부에서는 1부의 기본 지식이 쌓였다는 가정 하에, 축구에 흥미를 끌 수 있는 키워드로 이야기를 풀어간다. 실직적인 내용은 축구에 관심이 있는 사람이면 누구나 알법한 이야기다. 책 한 권에 이런 내용들을 묶어 놓으면 '축구 좀 아는 사람'이라 할지라도 "이 중에 하나쯤은 모르는 이야기가 나오겠지"라는 생각이 컸고, 그만큼 아는 사람에겐 더 많은 이야깃거리가 되도록 노력했다. 아무쪼록 축구에 관심 있는 모든 사람에게 흥미를 돋을 수 있는 책이 됐으면 하는 바람이다.

김성진

축구연맹과 협회 그리고 축구대회

1

세계 주요대회

FIFA	UEFA	CONMEBOL	CONCACAF	AFC	CAF	OFC
월드컵						
컨페더레이션스컵	유로	코파 아메리카	골드컵	아시안컵	아프리카네이션스컵	오세아니아네이션스컵
클럽월드컵	챔피언스리그 ●	코파 리베르타도레스 ● 챔피언스리그	챔피언스리그	■ AFC컵	챔피언스리그 ●
	■ 유로파리그	■ 코파 수다메리카나				
	슈퍼컵	레코파 수다메리카나			슈퍼컵	

■━■ 상위리그와 하위리그로 서로 연계됨
● 연결되어 있는 대회의 우승자만 출전할 수 있는 대회

국가별 주요대회-UEFA

잉글랜드	스페인	이탈리아	독일
○ 프리미어리그	○ 프리메라리가	○ 세리에A	○ 분데스리가
□ FA컵	□ 코파 델 레이	□ 코파 이탈리아	□ DFB포칼
□ 풋볼리그컵			
커뮤니티실드	수페르코파	수페르코파	슈퍼컵

국가별 주요대회-CONMEBOL

아르헨티나	브라질
○ 프리메라 디비시온	○ 세리에A
□ 코파 아르헨티나	□ 코파 두 브라질
수페르코파	

국가별 주요대회-AFC

한국	일본
○ K리그	○ J리그
○ FA컵	○ 천황배
	J리그컵
	슈퍼컵

○ □ 대회 우승팀은 소속팀 대륙별 축구연맹이 ● 대회로 진출

FIFA Fédération Internationale de Football Association
국제축구연맹

국제축구연맹 FIFA는 1904년 프랑스 파리 Paris에서 설립됐다. FIFA의 명칭이 프랑스어로 된 이유는 설립된 장소이기 때문. 1910년이 되면서 남아프리카공화국, 아르헨티나, 칠레 등이 가입하면서 유럽을 벗어난 회원국들이 생기기 시작했다. 1930년 첫 월드컵을 우루과이에서 개최하고, 1932년에는 스위스 취리히 Zurich로 본부를 옮기게 된다. 50년이 지난, 1954년 스위스 월드컵에서는 FIFA 회원국이 85개국으로 늘어났다. 지금은 축구라는 한 종목의 스포츠임에도 불구하고 회원국이 210개국이 넘는 단체가 됐다. 이는 국제올림픽위원회 IOC International Olympic Committee 의 회원 국가보다 많은 수치다. FIFA는 2001년 축구가 세계 평화에 기여한 것을 인정받아 '노벨평화상 Nobel Peace Prize' 후보에 오르기도 했다. 하지만 재정이 불투명하다는 점과 회장을 중심으로 한 과두형 조직이라는 점 때문에, 부패가 심하다는 비판을 끊임없이 받고 있다.

    FIFA는 1953년 프랑스에서 열린 특별 총회에서 각 대륙별 축구연맹의 설립을 승인했고, 현재까지 여섯 개의 축구연맹을 만들어 대륙별로 관리하고 있다. 유럽축구연맹 UEFA, 남미축구연맹 CONMEBOL, 북중미카리브축구연맹 CONCACAF, 아시아축구연맹 AFC, 아프리카축구연맹 CAF, 오세아니아축구연맹 OFC가 있다. FIFA의 회원국은 엄밀히 말하면 각 국가의 축구협회

'FA Football Association'다. 축구협회는 FIFA에 가입하면서 자신이 속한 대륙별 축구연맹에 가입하게 된다. 우리나라로 예를 들면 대한축구협회 'KFA Korea Football Association'는 FIFA에 회원이며 자신이 속한 대륙, 아시아축구연맹인 AFC에 소속하게 된다.

FIFA가 주관하는 대회는 월드컵, 컨페더레이션스컵, 클럽월드컵 대회가 대표적이다. 그 외에도 청소년 대회인 'U-20 월드컵 U-20 World Cup'과 '여자월드컵 Women's World Cup', 풋살 Futsal 등을 포함하면 열 개 이상의 대회를 주관하고 있다.

FIFA 월드컵 World Cup, 국가대항전

세계 축구선수권대회로 불리는 월드컵은 축구대회 최고의 권위를 자랑하는 대회일 뿐만 아니라 유일무이한 전 세계 최대 규모의 스포츠 대회다. 결승전 시청자의 수가 7억 명 이상으로 집계가 되니 어마어마한 기록이 아닐 수 없다. 그만큼 예선의 규모도 여느 대회들보다 크다. 예선 참가 국가의 수는 200여 개국이 넘으며, 대륙별 축구연맹에 소속에 따라 예선을 치른다. 대륙별 본선 진출권의 수는 유럽 13개국, 아프리카 5개국, 아시아, 남미 4.5개국, 북중미카리브 3.5개국, 오세아니아 0.5개국과 저번 대회 우승 국가 1개국으로 총 32개국이 본선에 진출한다. 0.5개국은 대륙 간의 플레이오프 Play-Off를 통해 진출할 팀 Team이 정해진다. 보통 국가에 따라 최대 3년에서 2년 동안 예선을 치르게 된다. 월드컵이 4년에 한 번 열리는 것을 감안하면 매년 월드컵이 진행되고 있다고 해도 과언이 아니다.

2016년 FIFA 회장에 오른 지아니 인판티노 Gianni Infantino는 2026년부터 본선 32개국에서 48개국으로 늘리는 안건을 만장일치로 통과시켰다. 1998년 프랑스 월드컵 때 24개국에서 32개국으로 늘어난 이후 또 한 번 규모가 커지게 됐다. 이로 인해 위에 언급한 출전 국가의 수가 바뀌는 것은 물론, 본선 조별리그의 방식에도 많은 변화가 있을 것으로 보인다.

대회는 1930년 우루과이 월드컵을 시작으로 80여 년의 역사를 자랑한다. 1938년 프랑스 월드컵 이후 2차 세계대전으로 인해 1942, 1946년에 대회가 열리지 못했다. 두 대회를 제외하고는 꾸준히 4년에 한 번씩 월드컵이 열리고 있다. 개최지는 유럽과 남미가 제일 많다. 2002년 한·일 월드컵과 2010년 남아공 월드컵이 열리면서 아시아와 아프리카 대륙에서 최초로 월드컵이 개최가 됐고, 덤으로 우리나라와 일본은 최초의 공동 개최국이 됐다. 최다 우승팀은 5회 우승의 브라질이다. 이탈리아, 독일이 4회 우승으로 그 뒤를 바짝 쫓고 있다.

70년대 이전에 트로피 Trophy 는 승리의 여신 니케 Nike 가 성찬배를 들고 있는 형상의 '쥘리메컵 Jules Rimet Cup'을 사용했다. FIFA 3대 회장이었던 쥘 리메 Jules Rimet 의 이름을 그대로 딴 트로피였다. 70년대 이후로는 두 사람이 지구를 들고 있는 모습을 형상화한 금빛의 '피파컵 FIFA Cup'으로 바뀌게 됐다. 보이는 대로 18K의 금을 사용했다. 밑면에 역대 우승국의 이름을 새겼는데 그 이름이 다 채워지면 새로 제작해야 한다. 또한 피파컵은 월드컵 우승한 선수가 아니라면 만질 수 없다는 규정이 존재한다.

FIFA 컨페더레이션스컵 Confederations Cup, 국가대항전

월드컵 다음의 권위를 자랑하는 국가대항전 대회지만 월드컵에 비해 규모는 현저하게 작다. 앞서 나온 [표. 세계 주요대회]를 보면 알 수 있듯이, 컨페더레이션스컵은 대륙별 축구선수권대회인 유로, 코파 아메리카, 골드컵, 아시안컵, 아프리카네이션스컵, 오세아니아네이션스컵의 우승팀인 여섯 개 국가를 포함한 월드컵 개최국, 월드컵 우승 국가를 포함해 총 8개국이 참여한다. 우승팀들 간의 대회라는 조건 때문에 대륙별 축구선수권대회보다 권위가 높지만, 유로나 코파 아메리카처럼 질이 높은 대회에서 우승한 팀은 다른 국가에 비해 전력이 한참 우위에 있는 것이 사실이다. 이런 국가에겐 컨페더레이션스컵이 대륙별 축구선수권대회보다 더 쉽다는 평과 함께 월드컵 직전에 열리는 '이벤트 Event 성 대회'로 그치고 만다.

반면에 아시안컵처럼, 대회의 질이 상대적으로 떨어지는 우승 국가에게 컨페더레이션스컵은 월드컵 직전 개최지에서 강팀과 경기를 할 수 있는 좋은 경험의 무대가 된다. 월드컵 직전에 강팀과 친선경기나 평가전을 개최하기는 쉽지 않기 때문에 대륙별 축구선수권대회 우승의 가치는 영광, 그 이상이다. 한 가지 사례로 2001년 컨페더레이션스컵에서 우리나라는 2002년 월드컵 개최국 자격으로 출전해 강팀과의 경기에서 경험을 쌓은 1년 뒤, 월드컵에서 좋은 성적을 거둔 바 있다.

컨페더레이션스컵은 앞서 말한 것처럼 월드컵이 열리기 1년 전에 열리며, 장소는 월드컵 개최지다. 월드컵과 마찬가지로 4년에 한 번씩 개최되는데 2005년 이전에는 2년에 한 번씩 개최가 됐었다.

국제축구연맹

비교적 대회의 역사는 짧은 편이다. 1992년 사우디아라비아에서 열린 '킹파드컵 King Fahd Cup'을 전신으로 하며, 1997년부터 FIFA가 주관하기 시작했다. 대륙별 축구선수권대회 우승팀인 여섯 국가 중, 월드컵 개최국이나 월드컵 우승으로 겹칠 경우에는 다른 국가를 초청하기도 한다. 2003년 컨페더레이션스컵에서는 브라질이 월드컵 우승과 코파 아메리카 두 대회를 모두 우승하면서 남은 한 자리에 월드컵 3위인 터키를 초청했다. 2001년 컨페더레이션스컵의 경우, 월드컵 공동 개최국이었던 우리나라와 일본이 참여해 총 9개국이 될 듯 했지만, 일본이 아시안컵을 우승하며 아무 문제없이 8개국에 맞춰 대회가 운영됐다.

FIFA 클럽월드컵 Club World Cup, 클럽대항전

FIFA에서 주관하는 유일한 '클럽대항전' 대회다. [표. 세계 주요대회]를 살펴보면 대회의 구조가 컨페더레이션스컵과 동일하다는 것을 알 수 있다. 컨페더레이션스컵이 '대륙별 축구선수권대회'의 '우승 국가'만 참가할 수 있다면 클럽월드컵도 대륙별 축구연맹에서 주관하는 '챔피언스리그'의 '우승팀'만 참가할 수 있다. 국가대항전과 클럽대항전의 차이일 뿐, 대회 위상도 컨페더레이션스컵과 같은 위치를 차지한다. 그 외에 다른 점은 '컨페더레이션스컵'이 '조별리그의 형태'로 이뤄지는 반면 '클럽월드컵'은 '토너먼트 Tournament 형태'를 취한다는 것이다. 참가 팀은 여섯 개 대륙 챔피언스리그 우승팀과 개최국의 리그 우승팀이 참여해 총 일곱 개 팀이 참가한다. 여기서 오세아니아 챔피언스리그 우승팀은 개최국 리그 우승팀과 플레이오프 경기를 거치게 된다. 또한 승자들을 모아놓은 자리다 보니 '5위 결정전'도 치른다.

클럽월드컵의 전신은 '인터컨티넨탈컵 Intercontinental Cup'이다. 1960년부터 시작된 이 대회는 유럽축구연맹의 클럽대항전 '챔피언스리그' 우승팀과 남미축구연맹의 클럽대항전 '코파 리베르타도레스—남미의 챔피언스리그—'의 우승팀 간의 '홈 앤드 어웨이 Home and Away' 대결로 경기가 치러졌다. 세계 축구의 중심이라 불리는 유럽과 남미의 대결로만 세계 최고의 클럽팀을 가렸다고 할 수 있다. 일본 기업인 '토요타 TOYOTA'가 1980년부터 스폰서 Sponsor를 맡으며 '토요타컵 TOYOTA Cup'이라 불렸고, 일본에서 개최하며 단판 승부로 바뀌었다.

  2003년에 FIFA가 유럽과 남미로부터 '인터컨티넨탈컵'을 인수했다. 2005년부터 'FIFA 클럽월드챔피언십 Club World Championship* 토요타컵'으로 시작해 2006년부터 '클럽월드컵'이라는 명칭을 사용하기 시작했다. 이때부터 정식으로 대륙별 축구연맹의 챔피언스리그 우승팀들을 모두 불러 모았다. 명칭이 바뀐 후에도 토요타는 2013년까지 로고 Logo에 이름을 올린다. 스폰서 영향으로 대부분의 개최국은 주로 일본이 차지하고 있다. 그 외에 아랍에미리트, 모로코가 개최했으며, 주로 '제3지역'이 될만한 곳에 개최가 이뤄지는 편이다.

---

* FIFA 클럽월드챔피언십은 인터컨티넨탈컵과 별개로 2000년도에
  첫 대회가 열렸지만, 2001년 대회가 취소되며 2004년까지 대회가
  열리지 않았다. FIFA 홈페이지 FIFA.com를 참고하면 '클럽월드컵'의
  첫 대회를 2000년으로 본다.

국제축구연맹

UEFA Union of European Football Associations
유럽축구연맹

유럽축구연맹 UEFA는 1954년 스위스 바젤Basel에서 설립됐고, 현재는 스위스 니옹Nyon에 본부를 두고 있다. 대륙별 축구연맹 중 가장 권위가 높을 뿐 아니라 국제축구연맹 FIFA와 권위가 비슷하다고 볼 수 있다. FIFA보다 빠른 1886년 설립된 국제축구평의회 IFAB International Football Association Board는 UEFA에 소속된 축구협회인 잉글랜드, 스코틀랜드, 웨일스, 북아일랜드가 그 중심에 있기 때문에 영향력이 크다. IFAB는 경기 방식과 규정을 결정하는 기구다. 앞서 언급된 협회의 대표 네 명과 FIFA 대표 네 명을 포함해 총 여덟 명으로 구성되며, 이 중 여섯 명이 찬성해야 하는 구조다. IFAB에 소속된 축구협회를 유심히 살펴보면 축구 종주국인 잉글랜드가 포함된 '영국'임을 눈치챌 수 있으며, 결국 오랜 세월 축구의 중심은 '유럽'이란 걸 알 수 있는 대목이다. FIFA의 본부 또한 스위스에 있다는 것도 상기해볼 만하다. 축구에서 차지하는 UEFA의 비중은 생각보다 크기 때문에 오히려 FIFA의 정책에 대립구도를 나타낼 때도 많다.

항상 변동이 있는 FIFA 랭킹Ranking 20위권 안에는 대다수의 유럽 국가가 차지하고 있다. 월드컵 본선 진출권도 현재 유럽이 열 세장으로 가장 높은 비율을 차지한다. 2026년부터 월드컵 본선 48개국으로 확대됐을 때에도 유럽은 변함없이 가장 많은 국가를 월드컵에 출전시키는 것은 당연해 보인다. UEFA가 권위가 높은 또 하나의 이유는 유럽 전체를 아우르는 클럽대항전 '챔피언스리그'를 빼놓을 수 없다. 남미축구연맹을 제외한 모든 대륙별 축구연맹의 클럽대항전 이름이 모두 '챔피언스리그'라 불리는 것을 보면 그 위상을 충분히 짐작해 볼 수 있다.

    UEFA가 주관하는 대표적인 대회는 유럽 축구선수권대회인 유로, 클럽대항전인 챔피언스리그, 그의 하위 대회인 유로파리그, 챔피언스리그 우승팀과 유로파리그 우승팀이 맞붙는 슈퍼컵이 대표적이다. 그 외에도 2018년부터 'UEFA 네이션스리그 Nations League'라는 승강제를 도입한 국가대항전을 운영하며 새로운 시도를 준비하고 있다. 그 성과에 대해서는 두고 볼 일이다. FIFA와 마찬가지로 UEFA도 청소년 대회, 여성 대회, 풋살 등을 합치면 열 개 이상의 대회를 주관한다.

UEFA 유로 Euro, 국가대항전

우승팀은 FIFA가 주관하는 컨페더레이션스컵에 진출한다. 대회 위계를 따지면 컨페더레이션스컵이 유로보다 높아 보이지만, 대회의 질과 규모는 유로가 월드컵 다음으로 평가받는다. 실제로 유로는 '작은 월드컵 Mini World Cup'이라는 별칭이 있다. 이런 별명이 붙게 된 것은 본선 조별리그가 월드컵보다 더 어렵기 때문. 월드컵 본선 조별리그는 한 조에 각 대륙이 겹치지 않게 분산하므로 전력이 나눠지지만 유로에서는 유럽 국가들로만 조를 구성하기 때문에 더 치열한 경쟁을 펼친다. 그러나 2016년 이전 유로 대회는 16개국이 네 개 조로 나눠 각 조 1, 2위 팀이 8강에 진출하는 구조였다면 2016년부터는 32개국 여덟 개 조 1, 2위 팀을 포함한 각 조 3위 팀 중 절반인, 네 개 팀이 추가로 16강에 진출하게 되면서 예전만큼 경쟁이 치열하다고 할 수는 없게 됐다. 그럼에도 유로의 조별리그 구성을 볼 때, 월드컵보다 토너먼트 진출이 쉽지 않다는 것은 자명해 보인다.

1960년 시작된 유로는 4년에 한 번씩 대회가 열리고 있다. '유로'라는 명칭으로 불리게 된 것은 1968년부터다. 2000년 대회가 되면서 벨기에와 네덜란드가 첫 공동 개최를 열게 됐다. 월드컵은 2002년 한·일 월드컵 이후 공동 개최가 없지만 유로는 2000년 이후에도 2008, 2012년을 공동으로 개최했다. 국가가 서로 인접해 있다는 지리적인 요인 때문에 공동 개최가 잘 이뤄지고 있는 지역이라 할 수 있다. 2020년 유로는 60주년을 기념해 13개국 분산 개최를 확정했고, 앞서 언급한 '네이션스리그'를 유로 예선과 연계를 계획한다.

대회의 최다 우승팀은 독일과 스페인이 3회, 그 뒤를 2회 프랑스가 쫓고 있다. 그 외에도 포르투갈, 그리스, 덴마크, 네덜란드, 체코, 이탈리아, 러시아가 한 번씩 우승을 차지한 바 있다. 1960년부터 트로피는 디자인 Design 변화 없이 그대로 사용 중이다. 이름은 프랑스축구협회 사무국장이었던 '앙리 들로네 Henri Delaunay'의 이름을 따 '앙리 들로네'로 불린다. 그는 첫 월드컵이 열리던 1930년부터 유럽에 축구대회를 신설해야 한다고 주장하던 사람이다. UEFA가 창설되고 초대 사무국장까지 취임한 그가 사망한 뒤, 아들 '피에르 들로네 Pierre Delaunay'가 UEFA 조직위원장에 오르며 유로 대회를 창설한다. 앙리 들로네는 대회 공헌을 인정받으며 트로피의 이름이 됐다. 첫 대회가 프랑스에서 열린 데에는 이러한 사연이 숨어 있다.

UEFA 챔피언스리그 Champions League, 클럽대항전

매년 열리는 유럽 챔피언스리그의 우승팀은 클럽월드컵 출전과 UEFA에서 주관하는 슈퍼컵에 참가한다. 유럽 챔피언스리그는 유로와 마찬가지로 상위에 클럽월드컵이 존재하지만, 클럽대항전 최고의 권위를 가진 대회로 평가받는다. '유로' 위에는 범접할 수 없는 '월드컵'이 있다면 클럽대항전인 유럽 챔피언스리그는 더 높은 존재가 없다고 해도 무방하다. 챔피언스리그에 출전하는 팀은 UEFA에 소속된 국가의 리그, 즉 1부리그 우승팀을 포함한 상위팀이다. UEFA는 소속된 국가의 축구협회 점수를 매기는데, 1~3위 국가의 리그에서는 네 개의 클럽팀 씩, 4~6위 국가의 리그에선 세 개의 클럽팀 씩 참가한다.

유럽 챔피언스리그의 역사는 1955년 '유러피언컵 European Cup'으로 시작됐다. 처음에는 UEFA의 주관이 아닌 프랑스 일간지 『레키프 L'Equipe』의 주최로 시작된 대회로, 초기에는 자국리그 우승 없이 초청으로 이뤄졌다. 유러피언 '컵' 대회답게 토너먼트로 진행됐다. 1, 2회전 각각 홈 앤드 어웨이 경기에서 이긴 팀이 8강에 오르는 방식이었다. 1991년 유럽 챔피언스리그로 명칭이 바뀌기 직전부터 1, 2회전 후에, 두 개 조로 나누고 1위인 두 팀이 결승을 치르는 방식으로 바뀌었다. 이 방식은 1993년까지 이어지다 1994년에 현재의 방식인 조별리그가 도입됐다.

앞서 소개된 국가대항전과 다르게 결승전을 제외한 토너먼트에서도 홈 앤드 어웨이로 경기가 이루어진다. 예를 들어 8강에서 홈 경기 한 번, 원정 경기 한 번, 총 두 번의 경기가 펼쳐지고 결과를 합산하며 점수가 같을 경우, 원정 경기에서 골 Goal을 많이 넣은 팀이 4강에 진출하는

'원정다득점 Away Goal Rule'이 적용된다. 또한 [표. 세계 주요대회]를 참고하면 챔피언스리그와 그 하위리그인 유로파리그가 연계된다는 것을 알 수 있는데, 챔피언스리그 조별리그에서 3위로 토너먼트 진출에 실패한 팀은 유로파리그 32강에 합류하게 된다.

월드컵과 유로를 포함한 챔피언스리그는 유일하게 매 대회마다 공인구가 존재한다. 물론 자국의 리그부터 대륙별 축구선수권대회까지 공인구가 존재하지만, 이 세 개 대회는 특별히 그 대회만을 위한 공인구를 만든다. 그 말은 즉슨, 하나의 스포츠 스폰서에서 축구공 디자인을 내놓으면 다른 국가의 리그에서는 모두 '동일한 축구공'에 각각의 '리그 로고'를 넣는 반면, 월드컵과 유로, 챔피언스리그는 특별히 대회의 특성에 맞게 '자체 디자인 제작'을 한다는 뜻이다.

월드컵 공인구가 텔스타 Telstar, 탱고 Tango*, 피버노바 Fevernova, 팀가이스트 Teamgeist, 자블라니 Jabulani, 브라주카 Brazuca 등 여러 디자인을 사용했다면 챔피언스리그는 단 하나 '피날레 Finale'라는 공인구를 사용한다. 챔피언스리그 로고의 별 모양을 넣은 이 공인구는 2006년부터 사용되고 있다. 매 대회마다 별의 형태는 그대로 두고 그래픽 이미지가 변화한다. 또한 월드컵과 유로와 마찬가지로 결승전에서는 '파이널 매치볼 Final Match Ball'로 디자인에 약간 변화를 준다. 그러나 피날레는 축구공의 조각을 이루는 '패널 Panel'에 디테일 Detail이 부족했다. 가령, 월드컵 공인구 팀가이스트

---

* 탱고 이후, 탱고 에스파냐 Tango España, 에트루스코 Etrusco, 퀘스트라 Questra, 트리콜로 Tricolore의 월드컵 공인구 디자인이 나왔지만 디자인은 탱고에서 벗어나지 않았다.

패널에 피날레의 별 모양을 부자연스럽게 넣었던 반면, 2010년부터는 피날레의 별 모양 자체가 패널이 되면서 디자인 디테일을 살렸다.

챔피언스리그의 현재 트로피의 이름은 '빅이어 Big Ear'로 불린다. 손잡이 부분이 큰 귀를 닮았기에 붙여진 이름이다. 처음에는 지금과 다른 디자인의 트로피를 『레키프』가 수여했고, 디자인의 형태는 앙리 들로네와 유사했다. 1955~1966년까지 사용하며 1966년 유러피언컵 우승팀 레알 마드리드가 영구 소장하게 되면서 현재의 빅이어 트로피로 바뀌게 됐다. 레알 마드리드는 초대 트로피를 가지고 있을 뿐 아니라 챔피언스리그 11회 최다 우승 기록을 보유하고 있는 팀이다. 그 뒤를 AC밀란이 7회, 바이에른 뮌헨, FC바르셀로나, 리버풀이 5회를 기록하고 있다.

UEFA 유로파리그 Europa League, 클럽대항전

챔피언스리그 하위리그인 유로파리그도 역시 매년 개최되는 대회다. 유로파리그의 우승팀은 다음 챔피언스리그 진출권을 확보하며, UEFA에서 주관하는 슈퍼컵에 진출해 챔피언스리그 우승팀과 단판 승부를 벌인다. 유로파리그에 출전하는 클럽팀은 자국의 '컵 대회 우승자'와 '리그 중·상위권'을 차지한 팀에게 주어진다. 유로파리그도 챔피언스리그와 마찬가지로, UEFA가 소속된 국가의 축구협회 점수를 매긴다. 1~6위 국가의 리그는 세 개 클럽팀 씩, 7~9위 국가의 리그는 네 개 클럽팀 씩 참가하는 방식이다. 여기서 유로파리그는 챔피언스리그 하위리그답게 7~9위 국가의 리그가 1~6위 국가의 리그보다 더 많은 팀을 출전시키는 것을 알 수 있다.

[표. 국가별 주요대회-UEFA]에서 'FA컵 FA Cup' 가로축을 확인하면, 유럽을 대표하는 국가의 컵 대회는 유로파리그에 진출을 한다는 것을 알 수 있다. 그러나 앞서 말한 것처럼 '리그 상위권'도 진출할 수 있다. 예를 들면, UEFA 국가 순위 1~6위에 들어간 잉글랜드는 총 세 팀이 유로파리그에 진출할 수 있는데 하나는 'FA컵', 하나는 '리그컵 League Cup', 남은 한 장은 '리그 5위'를 차지한 팀이 유로파리그에 진출한다.* 하지만 [표. 국가별 주요대회]를 보면 '리그컵' 가로축에 대부분 대회가 존재하지 않는 걸 볼 수 있다.** 리그컵이 없는 스페인의 경우, '코파 델 레이 Copa del Rey' 우승팀 하나와 '프리메라리가 Primera Liga' 5위, 6위 팀 둘, 총 세 팀이 진출하는 식이다. UEFA 국가 순위 7~9위에 속하는 네덜란드의 경우, 1부리그 '에레디비지에 Eredivisie'에서 1~2위 팀은 챔피언스리그를 3, 4위 팀은 유로파리그 직행, 5~8위 팀은 플레이오프를 거친다. 마지막으로 남은 한 자리를 네덜란드의 FA컵인 'KNVB Koninklijke Nederlandse Voetbalbond 컵' 우승팀이 차지한다.

  2015년부터 유로파리그 우승팀에게 챔피언스리그 진출권이 주어지기 시작했다. 스페인의 세비야는 2014, 2015, 2016년 3회 연속 우승을 차지했다. 2014년 세비야는 우승을 하고도 유로파리그에 머물렀던 반면, 2015년 우승한 뒤에는 2016년 챔피언스리그에 참가하게 됐다. 하지만 여기서 의문이 든다. 2016년 챔피언스리그에서 뛰었는데 어떻게 같은 해 유로파리그에 우승을 차지할 수 있었을까?

---

* 1~4위팀은 챔피언스리그에 진출.
** 유럽에 리그컵이 존재하는 나라는 잉글랜드 외에 스코틀랜드, 웨일스, 아일랜드, 북아일랜드, 프랑스, 포르투갈 등이 대표적이다.

이유는 간단하다. 한 팀이 두 대회를 동시에 뛰는 것은 불가능하지만—챔피언스리그를 설명하며 말했듯이—두 대회는 서로 연계된다. 챔피언스리그 조별리그에서 3위로 토너먼트 진출에 실패한 팀은 유로파리그 32강부터 합류하기 때문이다. 즉, 세비야는 2016년 챔피언스리그에서 뛰었지만 조별리그 3위를 기록하며 챔피언스리그 토너먼트 진출에 실패, 유로파리그로 내려와서 우승을 차지했다. 만약 세비야가 챔피언스리그 토너먼트에 진출에 성공해 16강, 8강, 4강에서 떨어졌다면 유로파리그 합류는 불가능했으며 3회 연속 우승 또한 불가능했다는 이야기다. 그럼으로 세비야에게 유로파리그 32강에 합류하게 된 것은 '불행 중 다행'이란 뜻이 된다. 2013년 우승팀 잉글랜드의 첼시 경우, 유로파리그 우승으로 2014년 챔피언스리그에 출전한 것으로 착각하는 일이 많다. 하지만 이는 잘못된 사실이다. 2012-13시즌 당시 유로파리그 우승팀에게 챔피언스리그 진출권이 배정되지 않아, 첼시는 2012-13시즌 자국리그에서 3위를 차지하며 챔피언스리그 진출권을 확보한 것이다.

    유로파리그의 전신은 'UEFA컵 UEFA Cup'이다. 1955년 '인터시티스 페어스컵 Inter-Cities Fairs Cup'으로 시작한 UEFA컵은 1960~1999년까지 열린 'UEFA 컵위너스컵 Cup Winners Cup'과 통합하게 된다. 각 국가의 컵 대회 우승자가 출전한다는 규정은 컵위너스컵 방식을 따른 것이지만, 정작 우승 기록은 포함되지 않는다. UEFA컵을 우승한 팀들이 현재 유로파리그 역대 우승 기록에 남는다. 그렇다 보니 당연히 트로피도 UEFA컵부터 시작된 트로피를 사용한다. 트로피는 별다른 명칭 없이 '더 우에파컵 The UEFA'이라 불리며 무게가 15킬로그램에 달한다.

UEFA 슈퍼컵 Super Cup, 클럽대항전

슈퍼컵에는 두 종류가 있다. 첫 번째는 대륙별 축구연맹의 클럽대항전인 챔피언스리그와 그 하위리그 우승팀 간에 대결인 '슈퍼컵'. 두 번째는 축구협회의 각 국가에서 리그 우승자와 컵 대회 우승자 간의 대결인 '슈퍼컵'이 있다. 'UEFA 슈퍼컵'은 첫 번째 경우에 해당한다. 대다수의 '슈퍼컵'은 두 대회 우승한 팀끼리 만나 단판 승부를 벌이는 것을 뜻한다. 국가에 따라 그 이름은 조금씩 다 다르다. [표. 세계 주요대회]를 참고하면 남미축구연맹 CONMEBOL 주관 슈퍼컵의 이름은 '레코파 수다메리카나 Recopa Sudamericana'이다. 마찬가지로 국가의 슈퍼컵 대회들도 그 이름이 서로 다르다.

 슈퍼컵은 비시즌 또는 다음 시즌 경기라고 봐야 한다. 시즌 마지막에 우승팀이 정해지며 휴식기를 갖은 후, 다음 시즌 개막을 이 슈퍼컵으로 알리기 때문이다. UEFA에서 주관하는 챔피언스리그, 유로파리그의 결승이 5월에 있고 슈퍼컵이 8월 개최이기 때문에, 다시 말해 세 대회의 결승전이 결국 같은 해에 열리기 때문에 동일한 시즌으로 보일 수 있다. 하지만 엄밀히 따지면 유럽에 축구리그는 5월 챔피언스리그의 결승을 기점으로 시즌이 끝나고 8월부터 새 시즌이 시작됨으로 확실하게 두 시즌을 구분할 필요가 있다. 예를 들면 하나의 클럽팀이 한 시즌에 컵 대회와 리그를 우승, 챔피언스리그를 우승한 뒤 추가로 슈퍼컵을 우승했을 때에는 연도에 따라 네 개의 트로피를 들어 올렸다고 표현할 수도 있지만, 시즌으로 구분하여 세 개의 트로피를 들어 올렸다는 표현이 더욱 현명해 보인다.

 1972년 설립된 UEFA 슈퍼컵은 챔피언스리그와 유로파리그 우승팀이 만나 단판으로 우승팀을 가려낸다.

대회 초기에는 홈 앤드 어웨이 방식으로 치러지긴 했지만 현재는 단판 승부로 이뤄진다. 단 한 경기만에 우승팀이 정해지기에 중요도가 낮아 보이지만 클럽팀의 자존심과 명예, 우승상금을 포함하면 쉽게 생각할 대회는 아니다.

유로파리그 이전에는 컵위너스컵의 우승팀이 슈퍼컵에 참여했다. UEFA컵이 아닌 컵위너스컵이 슈퍼컵에 참여한 이유는 UEFA컵보다 우승하기가 더 쉬웠지만, 대회의 권위는 더 높았기 때문이다. 유로파리그의 전신 UEFA컵은 1999년 컵위너스컵과 통합되면서 슈퍼컵에 참여하게 됐다. 최다 우승팀은 스페인의 바르셀로나가 5회을 기록하고 있다. 슈퍼컵도 유로파리그와 마찬가지로 트로피에 대한 특별한 명칭을 가지고 있지 않다.

CONMEBOL Confederación Sudamericana de Fútbol
남미축구연맹

남아메리카 (이하 남미) 축구연맹 CONMEBOL은 알파벳에서 알 수 있듯, 약칭에 앞 글자를 따지 않은 유일한 대륙별 축구연맹이다. CONMEBOL의 로고를 살펴보면 C.S.F.라는 약칭도 사용하지만 그렇게 부르는 일은 별로 없다. 'Con'federación의 'CON', Suda'me'ricana의 'ME', Fút'bol'의 'BOL'을 합쳐 '콘메볼 CONMEBOL'로 부르는 게 일반적이다. CONMEBOL은 파라과이 루케 Luque에 본부를 두고 있으며 1916년에 설립됐다. 같은 해에 남미 축구선수권대회인 코파 아메리카를 개최했는데, 이는 1930년 첫 대회가 열린 FIFA 월드컵보다 빠르다. 세계에서 유일하게 국가대항전 100년의 역사를 자랑한다.

    남미는 유럽과 마찬가지로 세계 축구의 중심에 있다. CONMEBOL에 가입된 국가는 총 10개국 밖에 안되지만 그중 4.5개국이 월드컵 본선에 진출한다. 월드컵 본선에 가장 많은 국가가 나오는 대륙은 유럽이지만, 플레이오프를 이긴다는 가정하에 남미의 회원 10개국 중 절반인 5개국이 월드컵 본선 진출이 가능하다. 남미가 비율로 따졌을 때 가장 많은 팀을 내보내게 된다. 남미에서 월드컵 우승을 기록한 국가는 익히 알고 있는 브라질과 아르헨티나 이외에도 우루과이가 있다. 우루과이는 1930년 첫 월드컵 개최국인 동시에 초대 우승을 기록했고 1950년에 두 번째 우승을 차지한다. 여기서 또 한 가지 알 수 있는 사실은 첫 월드컵에 개최지가 '남미'였다는 것이다. 남미 10개국 중 월드컵 본선에 진출을 못한 국가는 베네수엘라가 유일하다. 그 외 국가는 적어도 월드컵 본선에는 진출한 경험이 있다. 결국, 10개국 중 4~5개국이 본선 진출이 가능하다고 확률이 더 높아지는 것이 아니며, 오히려 더 치열한 경쟁을 펼쳐야 하는 지역이다.

현재 남미의 월드컵 예선은 다른 대륙과는 다르게 1차, 2차 예선전을 거치거나 조를 나눠 경기하지 않는다. 남미의 모든 10개국이 한 조에 속해 본선 진출 4.5장을 위한 '풀리그 Full League' 방식으로 경기를 펼친다. 가끔 하나의 국가가 본선 진출을 확정 지어 9개국이 참가할 때도 있었고, 본선 진출권의 수가 달랐던 경우도 있었지만 풀리그 방식은 1998년 프랑스 월드컵부터 쭉 이어져 왔다. 이전 월드컵에서는 3개국이 세 개 조로 나뉘거나, 총 두 개의 조로 나눠 예선을 치르기도 했다.

코파 아메리카 Copa America, 국가대항전

1916년부터 시작된 코파 아메리카는 개최 주기가 일정하지 않았다. 1987년부터 2년 주기, 2001년부터 3년 주기, 2011년부터 현재까지 4년 주기로 정착해왔다. 1930년 첫 월드컵이 남미 우루과이에서 열리며 남미가 7개국, 유럽이 4개국, 북중미에서 2개국이 참여했다. 비록 남미에서 열려 유럽 국가의 참여가 저조했지만, 첫 월드컵이 열리는 데에는 남미의 역할—코파 아메리카의 역할—이 컸다는 걸 알 수 있다. 월드컵의 첫 대회를 치르기엔 국가대항전 대회가 정착되지 않은 유럽보단, 국가대항전이 활발한 남미가 제격이었을 것은 불 보듯 뻔한 일이다.

100년 동안 총 45회 대회가 열렸다. 초기에는 참가 국가가 현재보다 적어 풀리그 방식으로 치러지다가 1975년, 남미의 모든 10개국이 참가해 본격적으로 토너먼트가 정착되기 시작했다. 그러나 대회를 치르기엔 국가가 적다고 판단한 CONMEBOL은 1993년부터 다른 대륙별 축구연맹 소속의 국가를 초청한다. 북중미카리브축구연맹 CONCACAF의 미국과 멕시코의 초청을 시작으로 코스타리카, 온두라스, 자메이카, 아시아 지역 소속으로는 유일하게 일본이 초청을 받았다.

열 개의 남미 국가와 두 개의 초청 국가로, 총 12개국이 참여하는 코파 아메리카는 예선전이 없는 유일한 대륙별 축구선수권대회다. 대회 방식은 총 세 개 조로 나뉘지며 각 조당 네 개 국가를 포함한다. 그중 1, 2위와 각 조의 3위인 3개국 중, 성적이 좋은 2개국이 8강 토너먼트에 진출한다. 결국 12개국 중 네 팀만 조별리그 탈락의 고배를 마신다. 우승팀은 컨페더레이션스컵에 진출하는데 초청 팀이 우승할 경우에도 남미 대표로 대회 참가가 가능하다. 하지만 현재까지 초청된 팀이 우승한 경우는 단 한차례도 존재하지 않았다.

2016년에는 코파 아메리카의 100주년을 맞아 '코파 아메리카 센테나리오 Copa America Centenario'가 열렸다. 2015년 대회가 열렸음에도 100주년을 맞아, 1년 만에 다시 열린 이 대회는 남미가 아닌 멕시코에서 개최가 확실 시 됐지만 재정 문제로 인해 미국으로 변경됐다. CONCACAF의 회원국인 미국에서 열리는 만큼, 이 대회에서는 남미 10개국을 포함해 북중미카리브 6개국이 참여했다. 1993년부터 꾸준히 초청된 멕시코와 개최국 미국은 자동으로 본선 확정이 됐다. 남은 네 자리에는 코스타리카, 자메이카, 파나마, 아이티가 지역 대회 우승과 플레이오프를 거쳐 출전권을 얻었다. 8강 토너먼트에는 여섯 개의 남미 국가와 두 개의 북중미 팀이 올랐다.

코파 아메리카 센테나리오는 1년 만에 다시 열리기 때문에, 4년 사이에 남미 대표 우승팀이 2개국이 된다는 점에서 컨페더레이션스컵의 진출권 문제가 생길 뻔했다. 그러나 2015년에 우승한 칠레가 2016년에도 우승을 차지하며 문제는 쉽게 일단락됐다.

2016년에 대회가 열리며 유럽축구연맹 UEFA가 주관하는 유로와 대회 시기가 같아, 항간에는 코파 아메리카 센테나리오 우승팀과 유로 우승팀 간의 대결이 이뤄질 수 있다는 긍정적인 소식이 들려왔다. CONMEBOL 13대 회장 알레한드로 도밍게스 Alejandro Damian Dominguez가 실제로 UEFA에 제안을 했지만 결국 성사되지 못했다. 만약 대결이 펼쳐졌다면 '대륙별 축구선수권대회의 슈퍼컵', 또는 '국가대항전의 인터컨티넨탈컵'이 될만했다는 평가다.

월드컵 5회 우승에 빛나는 브라질이 코파 아메리카 성적이 저조한 것은 의외다. 브라질 앞에 아르헨티나와 우루과이가 14, 15회 우승을 기록하며, 8회 우승의 브라질보다 확연히 앞서 있다. 그다음 우승 기록이 총 2회인 국가들이라는 점에서 브라질의 8회 우승도 충분히 대단하지만, 월드컵 최다 우승 기록을 보유한 브라질에겐 아쉬운 성적인 것은 확실하다. 코파 아메리카 우승을 못 해본 남미 국가는 에콰도르, 베네수엘라 이 두 국가가 유일하다.

코파 리베르타도레스 Copa Libertadores, 클럽대항전

남미의 코파 리베르타도레스는 대륙별 축구연맹의 클럽대항전 중에서 유일하게 '챔피언스리그'라는 명칭을 사용하지 않는다. '리베르타도레스 Libertadores'는 '해방자들'이라는 뜻으로 중·남미 국가의 독립에 기여한 지도자를 기리기 위해 붙여진 이름이다. 우승팀은 '클럽월드컵'과 CONMEBOL에서 주관하는 슈퍼컵인 '레코파 수다메리카나'에 출전할 수 있다.

코파 리베르타도레스의 전신은 1948년에 개최된 '캄페오나투 수다메리카노 데 캄페오네스 Campeonato Sudamericano de Campeones'다. 이 대회는 최초로 국가 간의 클럽팀이 대결을 펼친 것으로 기록된다. 대회 당시 남미의 7개국이 각 리그의 우승팀들을 출전시켜 풀리그 방식으로 경기를 치렀다. 이 대회는 코파 리베르타도레스와 유럽 챔피언스리그의 전신인 유러피언컵이 만들어지는 데에 좋은 본보기가 됐다. 유러피언컵이 1955년부터 시작된 것과는 다르게, 코파 리베르타도레스는 더 늦은 1960년에 인터컨티넨탈컵과 정기적으로 운영되기 시작했다.

유럽 챔피언스리그와 다른 점은 결승전에서도 홈 앤드 어웨이 경기를 펼친다는 것이다. 챔피언스리그는 결승전을 제3지역에서 단판 승부를 펼치지만 코파 리베르타도레스는 자신의 홈 경기장과 상대팀 경기장을 오가야 한다.

일정에도 유럽과 차이가 있다. 2016년 기준으로 코파 리베르타도레스가 2월부터 7월까지 열리고, 남미의 유로파리그 격인 '코파 수다메리카나'가 10월부터 12월까지 열린다. 이렇게 된 것은 남미 클럽팀들이 전·후반기로 나눠 시즌을 보내기 때문. 그러나 2017년부터는 코파

리베르타도레스가 1월부터 11월, 코파 수다메리카나도
2월부터 12월까지 경기를 펼쳐, 한 시즌을 함께 보내게 됐다.
일정 외에도 참가 팀의 숫자도 변경됐다. 기존 서른여덟
팀에서 마흔일곱 팀으로 그 수가 늘어났다. 브라질에서 일곱
팀, 아르헨티나에서 여섯 팀, 남은 남미의 8개국이 각각 네 팀
씩, 총 마흔다섯 팀과 추가로 코파 리베르타도레스 우승팀,
코파 수다메리카나 우승팀이 참가한다. 여러 규정이 바뀌면서
유럽과 동일해진 부분은 '챔피언스리그와 유로파리그 연계
시스템System'을 도입한다는 것이다. 코파 리베르타도레스
조별리그 3위 팀들은 하위리그 코파 수다메리카나로 내려가
경기를 펼친다.

　　코파 아메리카처럼 코파 리베르타도레스도 2017년
전에는 북중미카리브축구연맹 CONCACAF의 소속 멕시코
클럽 세 팀이 초청되어 경기를 펼쳤다. 멕시코 클럽팀이
우승한 기록은 없지만 2001, 2010, 2015년에는 준우승을
기록하기도 했다. 초청된 팀 때문에 생긴 재밌는 규정은
결승전 1, 2차전 중 2차전이 남미에서 열려야 한다는 것이다.
실제로 2015년 멕시코 클럽팀 타이거즈 UANL Universidad Autónoma
de Nuevo León 과 아르헨티나 리버 플레이트의 결승전 2차전을
아르헨티나 홈으로 정했다. 1차전을 0:0으로 마무리하고
홈에서 3:0으로 이긴 리버 플레이트는 통산 세 번째 우승을
차지했다. 가장 많은 우승을 차지한 팀은 아르헨티나의
인데펜디엔테가 7회 우승을 기록 중에 있다. 그러나 마지막
우승이 1985년. 그 뒤를 아르헨티나의 보카 주니어스가
6회 우승으로 바짝 따라붙고 있다. 그 외에 우승을
차지한 클럽팀의 국가는 우루과이, 파라과이, 콜롬비아,
에콰도르뿐이다.

코파 수다메리카나 Copa Sudamericana, 클럽대항전

'유로파리그' 격인 이 대회는 비교적 짧은 기간, 2002년부터 시작됐다. 코파 수다메리카나는 1992~1999년까지 진행된 '코파 콘메볼 Copa CONMEBOL'과 남미의 남부 클럽팀만 참가한 '코파 메르코수르 Copa Mercosur', 북부 클럽팀만 참가한 '코파 메르코노르테 Copa Merconorte'을 전신으로 두고 있다.

우승팀은 유로파리그와 마찬가지로 챔피언스리그인 '코파 리베르타도레스'와 슈퍼컵인 '레코파 수다메리카나'에 출전권을 얻는다. 추가로 '스루가은행 챔피언십 SURUGA bank Championship'이라는 일본 'J리그컵 J-League Cup' 우승자와 슈퍼컵 개념의 대회를 치른다. 이 대회는 일본이라는 한 국가, 즉 일본축구협회 JFA Japan Football Association 대회의 우승자와 대륙별 축구연맹 CONMEBOL 대회 우승자끼리 대결이라 위계가 맞지 않다는 점이 눈에 띈다. 게다가 J리그컵은 일본 내에서 권위가 세 번째인 대회다. 코파 수다메리카나도 남미 대륙에서 코파 리베르타도레스에 이어 두 번째 권위를 차지한다. 그럼으로 이 둘의 우승팀이 만나 경기를 치르는 의미도 크지 않는 것이 사실이다. 그러나 대회는 2008년을 시작으로 매년, 일본이 홈팀이 돼서 대회를 펼치고 있다.

코파 수다메리카나의 참가 팀 숫자는 브라질과 아르헨티나가 각각 여섯 팀 씩, 남은 8개국이 네 개 팀으로 총 마흔네 개 팀이 출전한다. 코파 수다메리카나도 2005~2008년까지 북중미카리브축구연맹 CONCACAF 소속, 멕시코의 클럽팀과 미국의 클럽팀이 참가한 기록이 있다. 이 대회에서는 코파 리베르타도레스와 다르게 초청된 팀이 우승한 사례가 존재한다. 멕시코 클럽팀 파추카가 2006년에 우승을 차지했다.

레코파 수다메라카나 Recopa Sudamericana, 클럽대항전

코파 리베르타도레스 우승팀과 코파 수다메리카나의 우승팀이 승부를 겨루는 대회로 UEFA의 슈퍼컵과 같은 대회라고 생각하면 쉽다.

과거에는 '코파 리베르타도레스' 우승팀과 '수페르코파 수다메리카나 Supercopa Sudamericana'의 우승팀이 대결하는 대회였다. '수페르코파 수다메리카나'는 1988~1997년까지 열렸으며 '코파 리베르타도레스'의 역대 우승팀들을 초청한 대회였다. 엄밀히 말하면 지금의 '챔피언스리그'와 '유로파리그'의 관계와는 다른 구조였다고 할 수 있다.

'코파 리베르타도레스'의 우승팀과 '수페르코파 수다메리카나'의 우승팀이 나온 1989년 시작된 '레코파 수다메리카나'는 1998년까지 시행됐다. 1999~2002년 동안 '수페르코파 수다메리카나'의 폐지로 인해 대회가 중단됐고, 2002년 재창설된 '코파 수다메리카나'의 우승팀이 나온 이듬해부터 '레코파 수다메리카나'가 다시 시작됐다.

UEFA 슈퍼컵을 비롯, 여느 슈퍼컵과 다른 점이 있다면 단판 승부가 아닌 1, 2차전 홈 앤드 어웨이로 이뤄진다는 것이다. 몇몇 대회는 미국이나 일본에서 개최되어 단판 승부를 벌인 적도 있다. 이벤트 성이 다분한 '슈퍼컵' 대회임에도 불구하고 1, 2차전 승부를 펼친다는 것은 대회의 가치를 높여주며 긴장감을 조성해준다.

남미축구연맹

CONCACAF Confederation of North, Central America and Caribbean Association Football
북중미카리브축구연맹

북중미카리브축구연맹 CONCACAF는 멕시코 시티 Mexico City에서 만들어져 미국 마이애미 Miami에 본부를 두고 있다. 1961년 9월 18일, 당시 북아메리카 (이하 북미) 축구연맹 NAFC North American Football Confederation와 중앙아메리카 (이하 중미) 및 카리브축구연맹인 CCCF Confederación Centroamericana y del Caribe de Fútbol가 통합하며 설립됐다. NAFC는 1946년에 창설된 후, 이듬해부터 3년에 걸쳐 'NAFC 챔피언십 Championship'이라는 국가대항전을 주관했다. CCCF도 마찬가지로 창설된 1941년부터 NAFC와 통합되기 전까지 10여 년 동안 'CCCF 챔피언십'를 주관하며 소속 국가 간의 대회를 열었다. NAFC는 CONCACAF로 통합된 후인 1990, 1991년에도 챔피언십을 주관한 기록이 남아 있다.

앞서 설명한 유럽, 남미와 다르게 북중미카리브는 지역별 축구연맹을 두고 있다. 이는 NAFC와 CCCF의 현대판이라 생각하면 쉽다. 현재, 북미축구연맹 NAFU와 중미축구연맹 UNCAF, 카리브축구연맹 CFU, 총 세 개의 지역별 축구연맹으로 나눠 관리하고 있다.

NAFU North American Football Union는 북미에 소속된 멕시코, 미국, 캐나다 3개국뿐이라 특별히 대회가 존재하지 않는다. UNCAF Central American Football Union는 중미 국가들을 대상으로 '코파 센트로아메리카나 Copa Centroamericana'를 주관한다. 이 대회 우승 국가를 포함한 상위 4개국은 북중미카리브

축구선수권대회인 골드컵 본선에 진출할 수 있다.
CFU Caribbean Football Union 는 카리브의 국가가 출전하는
'캐리비안컵 Caribbean Cup'를 주관한다. UNCAF와 마찬가지로
대회 상위 국가는 골드컵 본선에 진출한다.

2016년, 대회 100주년을 기념 해 미국에서 열린
'코파 아메리카 센테나리오'에 초청된 북중미카리브
국가 중에서 '코파 센트로아메리카나'와 '캐리비안컵'
우승자가 참여하기도 했다. 또한 코파 센트로아메리카나는
1991년부터, 캐리비안컵은 1989년부터 대회가 시작됐다.

북중미카리브 지역별 축구연맹

NAFU 북아메리카	대회 없음
UNCAF 중앙아메리카	코파 센트로아메리카나 국가대항전
	코파 인터클럽스 클럽대항전, 2007년 폐지
CFU 카리브	캐리비안컵 국가대항전
	클럽 챔피언십 클럽대항전

북중미카리브 지역에서 월드컵 최고 성적을 거둔
국가는 1930년 초대 월드컵에서 4강에 진출한 미국이다.
그러나 대다수의 유럽 국가들이 빠지고 총 16개국만
참가했던 대회라 그리 큰 평가를 받지 못했다. 그 이후에
북중미카리브 국가의 최고 성적은 8강으로, 쿠바가
1938년, 멕시코가 1970년과 1986년, 코스타리카는 2014년
월드컵에서 8강을 기록했다. 월드컵 예선은 1~4차 예선을
거친 후, 최종예선을 6개국이 한 개 조를 구성해 경기를
치른다. 1~3위는 월드컵 본선 직행, 4위는 플레이오프에서
다른 대륙과 0.5장을 위한 싸움을 벌인다. 마지막으로

회원국가 중에 FIFA에 가입되지 않은 기아나, 과들루프, 마르티니크, 생마르탱, 신트마르텐이 CONCACAF에는 가입되어 있는 것이 특이한 점이다.

CONCACAF 골드컵 Gold Cup, 국가대항전

북미 지역의 'NAFC 챔피언십'과 중미카리브 지역의 'CCCF 챔피언십'이 1963년에 통합되면서, 북중미카리브 축구선수권대회인 'CONCACAF 챔피언십'이 개최됐다. 초반 대회는 월드컵 예선으로 치러지기도 했고, 1991년부터 우리가 익히 들어온 명칭인 '골드컵'으로 바뀌게 된다. 골드컵으로 명칭이 바뀐 후, 개최국은 항상 미국이 차지하고 있다. 북중미카리브 지역의 중심일 뿐 아니라 경기장의 좋은 시설이 보증되기 때문이다. 1993, 2003년에 멕시코와 공동 개최, 2015년에는 캐나다와 공동 개최를 열은 바 있다.

우승 국가는 4년에 한 번 열리는 컨페더레이션스컵에 참가하는데, 골드컵의 주기는 2년에 한 번이라 우승팀이 2개국이 된다. 이럴 경우에는 두 팀 간의 플레이오프를 통해 컨페더레이션스컵 진출권을 정하게 된다. 물론 한 국가가 2회 연속으로 우승하면 플레이오프는 열리지 않는다.

앞서 설명했듯이, 지역별 축구연맹인 중미의 UNCAF에서 주관하는 '코파 센트로아메리카'와 카리브의 CFU에서 주관하는 '캐리비안컵' 우승팀을 비롯한 상위팀이 골드컵에 참여할 수 있다. 북미 지역인 NAFU 소속의 멕시코, 미국, 캐나다는 골드컵 본선에 자동 진출한다. 이러한 운영이 얼핏 불합리해 보일 수 있지만, 실력 차가 너무 크기 때문에 이 같은 방법으로 대회를 진행한다. 이를 뒷받침하는 내용으로 우승 국가를 살펴볼 필요가 있겠다.

1991년부터 멕시코, 미국, 캐나다만 우승의 경험을 가지고 있으며, 캐나다 1회 우승을 제외하고는 멕시코와 미국이 대회를 독식하고 있다. 멕시코는 1993, 1996, 1998년 3회 연속 우승과 2009, 2011년에 2회 연속 우승을 기록했다.

남미의 코파 아메리카와 마찬가지로 골드컵에서도 2007년까지 초청 국가가 존재했다. 남미도 북중미 국가를 꾸준히 초대했다면, 북중미에서도 주로 남미 국가인 브라질, 콜롬비아, 에콰도르, 페루를 초대했다. 그 외 아시아 대륙에서 우리나라가, 아프리카 대륙에서는 남아프리카공화국이 유일하게 초청된 바 있다.

우리나라는 총 두 번 대회에 참가했다. 2000년에는 2무로 조별리그 탈락을 했고, 2002년에는 조별리그 1무 1패의 성적에도 불구하고 4강 진출을 기록했다. 여기서 흥미로운 점은 8강전에서 무승부를 거두고 승부차기로 승리한 것이, 실제 기록에는 무승부로 기록되면서 대회 5경기 2무 3패를 기록하고도 4강의 성적을 올렸다는 것이다.

CONCACAF 챔피언스리그 Champions League, 클럽대항전
북중미카리브의 챔피언스리그 전신은 1962~2008년까지 진행된 'CONCACAF 챔피언스컵 Champions' Cup'이다. 당시 대회의 준우승자는 남미의 유로파리그인 '코파 수다메리카나'에 초정 되기도 했다. 여느 챔피언스리그와 마찬가지로 우승팀은 '클럽월드컵'에 출전한다. 다만, 유럽이나 남미와 다른 점이 있다면 대회 우승자가 다음 시즌 챔피언스리그 출전권을 보장받지 못한다는 것이다. 출전하는 모든 팀들은 경기장 조명 및 보수 문제와 관련된 인프라 Infra를 잘 갖추고 있어야 한다. 그렇지 않을 경우

자국의 다른 경기장을 사용하거나, 같은 국가의 다른 팀이 출전 기회를 얻을 수 있다.

골드컵과 같은 맥락으로, 북미 국가의 클럽팀이 가장 많은 비율로 팀을 출전시킨다. 멕시코, 미국이 네 팀, 캐나다 한 팀으로 총 아홉 팀을 출전 시키고, 중미의 5개국이 두 팀 씩, 2개국이 한 팀 씩 출전시킨다. 카리브 지역은 세 팀이 참가하는데 'CFU 클럽 챔피언십 Club Championship'의 우승자와 상위팀이 출전한다. 국가대항전인 골드컵에서 'CFU 캐리비안컵'이 예선의 역할을 하듯, 클럽대항전 챔피언스리그에서도 'CFU 클럽 챔피언십'이 예선 역할을 하게 된다. 중미에서도 챔피언스리그 예선전 역할을 했던 'UNCAF 코파 인터클럽스 Copa Interclubes'가 1971~2007년까지 존재했지만, 2008년 챔피언스리그의 전신인 '챔피언스컵'이 폐지되며 역사 속으로 함께 사라졌다.

북중미카리브에는 현재 '유로파리그'에 해당하는 대회는 없다. 과거 1991~1998년까지, 유로파리그의 전신으로 통합된 'UEFA 컵위너스컵'과 대회 성격이 동일한 'CONCACAF 컵위너스컵'이 개최되기도 했다. 얼마 못가 폐지된 후, 2001년에 '자이언츠컵 Giants Cup'으로 다시 열리긴 했지만 이마저도 1회 대회가 열린 후에 사라졌다. 그 외 대회로는 북중미카리브의 CONCACAF와 남미의 CONMEBOL이 함께 '코파 인터아메리카나 Copa Interamericana'를 개최했다. 이 대회는 1967~1998년까지 열렸으며, 북중미카리브의 챔피언스리그 우승팀과 남미의 코파 리베르타도레스의 우승팀 간의 대결로 '슈퍼컵' 개념의 대회였다.

AFC Asian Football Confederation
아시아축구연맹

AFC는 클럽팀 이름에 붙는 '연합축구팀 Assosiation Football Club'의 뜻도 있기 때문에, 아시아축구연맹의 AFC와 잘 구별해서 사용해야 한다. AFC는 1954년 5월 8일, 필리핀 마닐라 Manila 에서 설립됐고 본부는 말레이시아 쿠알라룸푸르 Kuala Lumpur 에 위치해 있다. 대륙별 축구연맹 중 가장 넓고, 가장 많은 회원을 보유하고 있는 AFC의 소속 국가들은 그 규모에 비해 국제 대회 성적은 초라하다. 2002년 한·일 월드컵이 아시아 대륙에서 개최되며, 기존에 배정됐던 본선 진출권이 최소 2개국에서 4.5개국까지 늘어났지만 여전히 그 가치를 입증하지 못하고 있다. 2006년과 2014년 월드컵에서 모든 아시아 국가는 토너먼트 진출에 실패했다. 그나마 2010년 한국과 일본이 16강에 진출하며 체면치레를 했다. 아시아 국가가 이뤄낸 월드컵 성적은 1966년 월드컵에서 북한의 8강 진출과 1994년 사우디아라비아의 16강 진출이 있고, 2002년 우리나라의 4강 진출은 아시아 국가 중 최고의 기록으로 남아있다.

    호주는 오세아니아축구연맹 OFC를 탈퇴하고 2006년부터 아시아축구연맹 AFC에 편입하게 됐다. 오세아니아 지역의 월드컵 본선 진출은 0.5개국에 불과하다. OFC 회원이던 호주는 경쟁 국가를 물리치고도 남미 혹은 아시아 국가와 플레이오프를 거쳐야 했고, 이로 인해 본선 무대 문턱에서 좌절하곤 했다. 그래서 비교적 상대하기

쉬운 아시아 국가에 편입을 신청하게 된 것이다. 아시아 국가들은 호주로 인해 얻을 수 있는 축구 발전과 흥행이 필요하다고 판단하여 호주를 AFC의 회원으로 받아들인다.

호주의 사례는 독특한 사례로 꼽을 만하다. 러시아나 터키의 경우에는 땅이 아시아와 유럽의 경계에 있기 때문에 AFC와 UEFA를 선택할 여지가 있었다. 하지만 호주의 경우는 하나의 국가와 하나의 연맹, 각각의 이익을 위해 이뤄졌다는 점에서 이례적이라 할 수 있다.* 그러나 기존에 있던 아시아 국가들에게 호주는 '굴러들어온 돌'로 여겨진다. 편입한 후, 월드컵 본선에 쉽게 오를 뿐 아니라 아시아 챔피언스리그 우승과 아시안컵 우승까지 차지하며 승승장구했기 때문이다. 이에 시샘한 듯, AFC 10대 회장인 샤이크 살만 Shaikh Salman 은 "서아시아 국가 사이에서, 호주를 AFC에서 퇴출시켜야 한다는 의견이 많다"고 발언을 해 논란이 됐다.

아시아 지역별 축구연맹

EAFF 동아시아	동아시안컵 국가대항전
	A3 챔피언스컵 클럽대항전, 2007 폐지
AFF 아세안	AFF 챔피언십 스즈키컵 국가대항전
WAFF 서아시아	WAFF 챔피언십 국가대항전
SAFF 남아시아	SAFF 챔피언십 국가대항전
CAFA 중앙아시아	대회 없음

* 호주처럼 실제 대륙의 위치와 연맹의 소속이 다른 경우도 물론 존재한다. 남미에 위치한 가이아나, 수리남, 기아나는 북중미축구연맹인 CONCACAF에 소속되어 있다.

아시아 대륙은 국가가 많은 만큼 지역별 축구연맹으로
관리된다. 동아시아축구연맹 EAFF, 아세안축구연맹
AFF, 서아시아축구연맹 WAFF, 남아시아축구연맹 SAFF,
중앙아시아축구연맹 CAFA로 총 다섯 개의 기구가 있다.

　　동아시아축구연맹 EAFF East Asian Football Federation 에 대표적인
대회는 우리나라가 참가하는 'EAFF 동아시안컵 East Asian
Cup'이 있다. 이 대회는 우리나라, 중국, 일본이 본선에 자동
진출한다. 남은 한자리에는 동아시아에 소속된 7개국이
예선을 거쳐 최종 승자가 본선에 나서게 된다. 본선은
조별리그로 각각 한 경기 씩만 치른 후 우승 국가가
정해지는데, 대회 구조를 살펴보면 규모가 많이 작다는
걸 알 수 있다. 본선에 자동 진출하는 한·중·일은 최상의
전력으로 임하기보단 새로운 선수 발탁과 전력을 다지는
일에 중점을 둔다. 2003년부터 시작된 '동아시안컵'의 전신은
1990~1998년 사이에 2년씩 열린, '다이너스티컵 Dynasty Cup'이다.
예선전 없이 한·중·일을 중심으로 북한이나 홍콩이 참가했다.

　　그외에도 EAFF가 주관한 대회 중 클럽대항전인 'A3
챔피언스컵 Champions Cup'이 있었다. A3는 아시아의 3개국이란
뜻. 이 대회도 동아시아의 중심인 한·중·일 클럽팀을 위해
만들어진 대회로 각 리그의 우승팀이 참가한다. 개최국의
컵 대회 우승팀이나 리그 준우승팀이 추가로 참가해 총 네
개의 클럽팀이 경쟁을 펼친다. 대회 방식은 동아시안컵처럼
상대팀과 각각 한 경기 씩, 총 세 경기를 치른다. 우승팀이
참가한다는 점에서 '챔피언스리그'나 '클럽월드컵'을
연상시키지만 경기 방식이 이도 저도 아닌 것이 사실이다.
아시아 챔피언스리그의 규모 확대로 인해 대회 가치가
하락할 뿐 아니라 대회 위치도 더욱 애매해졌다. 결국

스폰서마저 도산하며 폐지됐고, 대회는 2003~2007년까지만 개최됐다.

동남아시아국가연합인 '아세안 Association of South East Asian Nations'에는 아세안축구연맹 AFF ASEAN Football Federation가 있다. EAFF가 한·일 월드컵 개최에 힘입어 비교적 늦은 2002년에 만들어진데 반해, AFF는 1984년에 설립됐다. 호주는 2006년 AFC의 회원이 된 후, 이어서 2013년 AFF의 회원으로 등록됐다. 대표적인 대회는 'AFF 챔피언십 스즈키컵 Championship SUZUKI Cup'이 있다. 1996~2004년까지 이 대회는 싱가포르의 맥주회사 '타이거 Tiger'의 이름을 딴 '타이거컵 Tiger Cup'으로 불렸다가 2007년부터 일본의 자동차 회사 '스즈키 SUZUKI'가 대회 이름을 사게 됐다.

스즈키컵은 동아시안컵에 비해 대회 구조를 확실히 가지고 있다. 두 개 조가 토너먼트를 거쳐 우승 국가가 정해진다. 한·중·일 로테이션 Rotation으로 개최되는 동아시안컵과 다르게 개최 국가를 따로 선정하고 있다. 인접 국가가 많아 공동 개최가 활발하게 이뤄지는데 2018년에는 'UEFA 유로 2020'과 같은 구조인 아세안 지역 12개국 '분산 개최'가 확정됐다. 또한 2018년 호주가 첫 참가를 하면서 대회 구조의 변화와 수준이 올라갈 것으로 예상된다.

서아시아축구연맹 WAFF West Asian Football Federation 와 남아시아축구연맹 SAFF South Asian Football Federation 도 2000년부터 시작된 'WAFF 챔피언십'과 1993년부터 시작된 'SAFF 챔피언십'을 개최하고 있다. 두 대회는 아세안 지역과 모두 동일한 방식으로 경기가 치러진다.

서아시아 지역에는 대부분의 중동 국가들이 자리하고 있다. 2001년 설립된 서아시아의 WAFF 회원이던 이란은 중동 국가들을 벗어나 중앙아시아축구연맹 CAFA Central Asian Football Association 을 만들면서 탈퇴하게 된다. 같은 해, 남아시아에 포함됐던 중앙아시아 국가인 아프가니스탄도 자신의 위치에 맞는 CAFA 회원이 됐다. 이전까지 중앙아시아 지역은 남아시아축구연맹 SAFF에 포함되는 신세였지만, 2015년 중앙아시아만을 위한 축구연맹을 만들어 발언권을 높여가고 있다. 설립된 역사가 짧아 연맹에서 주관하는 대표적인 대회는 없지만 2016년 'CAFA U-19 챔피언십'의 남·여 대회를 주관한 바 있다. 아시아에서 좋은 성적을 거두는 이란과 우즈베키스탄이 회원으로 있기에 앞으로의 발전이 기대되는 연맹이다.

AFC 아시안컵 Asian Cup, 국가대항전

유럽의 유로보다 4년 빠른, 1956년부터 시작한 아시안컵은 남미의 코파 아메리카 다음으로 가장 오래된 '대륙별 축구선수권대회'다. 대회 초기에는 본선 4개국 참여라는 다소 작은 규모로 치러졌다. 1972년부터 4강 토너먼트가 긴 시간 정착됐고, 1996년 8강 토너먼트로 변경됐다. 2019년 아시안컵 본선부터는 기존 16개국 참가에서 24개국 참여가 확정되며 16강 토너먼트가 실시될 예정이다.

우리나라는 초대 대회인 1956, 1960년 우승을 끝으로 60년 가까이 우승을 못한 대회다. 월드컵 4강 진출, 아시아 지역에서 가장 많은 월드컵 본선 무대를 밟은 '아시아의 호랑이' 한국은 아시안컵에서 유독 아쉬운 성적을 거뒀다. 2000, 2007, 2011년에는 4강 진출, 2015년에는 결승에 올랐지만 우승에 실패했다. 가장 많은 우승 타이틀 Title 을 보유하고 있는 나라는 일본이다. 총 4회 우승을 기록했다.

아시안컵은 '우승 상금이 없는 대회'로 알려져 있다. 대륙별 축구선수권대회 중 가장 인기가 좋은 유로가 200억 원이 넘는 우승 상금을 받고 북중미카리브의 골드컵은 약 10억 원이 넘는 우승 상금을 받는다. AFC 9대 회장인 모하메드 빈 함마 Mohammed Bin Hammam가 2015년 아시안컵에 약 100억 원이 넘는 우승 상금을 내건다는 언론 보도가 있었지만 회장직에서 물러나면서 실행되지 못했다. 하지만 우승 상금이 없음에도 대회의 가치는 여전히 떨어지지 않는다. 우리나라의 경우만 봐도 아시안컵 우승을 절실하게 꿈꾸고 있으니 말이다. 또한 챔피언 Champion 자격으로 출전하는 컨페더레이션스컵은 아시아 국가에겐 좋은 경험의 무대가 되므로 큰 동기부여가 된다. 그럼에도 2019년 아시안컵에도 '우승 상금'에 대한 이야기가 끊이지 않는다. 대회의 규모도 커지며 우승 상금에 대한 필요성도 높아지는 지금, 과연 '우승 상금 없는 대회'라는 꼬리표를 뗄 수 있을지 지켜봐야 할 일이다.

아시안컵의 개최는 보통 단독 개최로 이뤄졌으나 2007년 첫 공동 개최가 이뤄졌다. 두 국가가 아닌, 인도네시아·말레이시아·타이·베트남 무려 4개국이 공동으로 개최했다. 우리나라는 1960년 개최를 했으나, 그 이후로는 개최 신청도 하지 않았다. 좋은 성적을 거두기 위해서는 아시안컵 개최도 필요해 보이지만 자국의 경기 말고는 흥행이 보장되지 않기 때문에—월드컵이나 올림픽 Olympic 유치에 비해 이익이 낮기 때문에—섣불리 판단할 문제는 아니다. 그럼에도 불구하고, 오랜만에 우리나라는 2023년 아시안컵 대회 유치 의사를 밝혔다. 중국, 일본, 필리핀과 유치 경쟁을 벌이게 된 것이다. 2019년을 기점으로 대회

규모가 커진 다는 점이 여러 나라들로 하여금 유치 의지를
불어넣고 있는 듯하다. 대회는 4년마다 열리고 있다.
아시안컵은 짝수 연도 개최라 올림픽, 유로와 겹쳐 흥행
성공이 쉽지 않았다. 2004년 이후 3년 앞당긴 2007년에
대회를 열면서 홀수 연도로 자리를 옮겼다.

    AFC가 주관하는 '아시안컵'이 축구 강대국의 무대라면
'AFC 챌린지컵 Challenge Cup'은 약체 국가를 위한 대회다.
우승팀에게는 아시안컵 본선 진출이라는 기회를 얻을
수 있는, 약체 국가에겐 더없이 좋은 기회였다. 그러나
2014년을 끝으로 폐지됐고, 그 뒤를 이어 2016년 'AFC
솔리데리티컵 Solidarity Cup'이 생겨났다. 대회에 참가하는
국가도 챌린지컵과 동일하다는 점에서 '챌린지컵을
대체'한다. 다만, 2018년 러시아 월드컵 아시아 1차 예선에
탈락한 여섯 개 팀과 2019년 아시안컵 2차 예선 탈락자
3개국 중, 한 개 국가만 참여할 수 있다는 조건을 달아
대회의 수준을 좀 더 높였다. 하지만 이 '솔리데리티컵'도 단
1회에 그치게 될 전망이다. 2019년 아시안컵의 참가 국가가
늘어나면서, '하위 대회'의 필요성이 낮아졌기 때문이다.

    AFC 챔피언스리그 Champions League, 클럽대항전
1985년부터 시작된 '아시안 클럽 챔피언십 Asian Club
Championship'이 2003년부터 아시아 챔피언스리그로 명칭이
개정됐다. 1985년 이전에는 1967~1971년까지 열린 '아시안
챔피언 클럽 토너먼트 Asian Champion Club Tournament'라는 전신
대회가 있었다. 그 당시 우리나라의 대한중석축구단,
양지축구단, 육군축구단이 참가했고, 양지축구단은
준우승이라는 기록을 남기기도 했다.

아시아 챔피언스리그는 줄여서 ACL AFC Champions League 로 표기한다. 유럽 챔피언스리그를 UCL UEFA Champions League 로 줄여서 쓰는 것과 같은 이치다. 여러 대륙과 다른, 아시아 챔피언스리그만의 독특한 경기 방식은 '서아시아' 국가 클럽팀과 '동아시아' 국가 클럽팀이 나눠져 경쟁을 펼친다는 것이다.* 조별리그에서 4강 토너먼트까지 '서아시아'와 '동아시아'가 서로 만나지 않는다. 이런 운영의 긍정적인 측면은 다른 대륙에 비해 원정 거리가 멀다는 단점을 보완하게 된다. 하지만 '반쪽짜리 아시아' 챔피언스리그라는 비아냥을 피해 갈 순 없다. 지역을 나눠버림으로 결승전의 구조는 '서아시아 우승팀'과 '동아시아 우승팀' 간의 '슈퍼컵'이 되어버렸다. 실력 좋은 클럽팀이 우승을 하기 위해서는 서아시아는 동아시아를, 동아시아는 서아시아의 벽을 뚫어야 하는 양자택일의 기로에 서게 된다.

챔피언스리그 결승전이 슈퍼컵의 노릇을 하기 때문인지 현재는 슈퍼컵이 폐지된 상태다. '아시안 클럽 챔피언십' 시절에는 1990~2002년까지 개최된, 각국의 컵 대회 우승자가 참가하는 '아시안 컵위너스컵 Asian Cup Winners Cup'의 우승자와 '아시안 슈퍼컵 Asian Super Cup' 대회를 갖기는 했었다. 그러나 컵위너스컵이 챔피언스리그와 통합되면서 슈퍼컵은 사라진다. 여기서 유럽과 다른 점이 하나 있다. 유럽의 '컵위너스컵'이 유로파리그와 통합돼서 유럽 국가의 '컵

---

* 여기서 말하는 '서아시아'는 지역별 축구연맹의 서아시아 WAFF와 중앙아시아 CAFA를 포함하고, '동아시아'는 지역별 축구연맹 동아시아 EAFF와 아세안 AFF를 포함한다. 추가로 남아시아 SAFF 회원국인 인도는 2014년 전에는 '서아시아'로 배정됐다가 2015, 2016년에는 '동아시아'로 배정을 받았다.

대회 우승팀'은 '유로파리그'로 진출하지만, 아시아 국가의 '컵 대회 우승팀'은 '챔피언스리그'로 진출하게 된다. 세 개의 대륙별로 정리된 [표. 국가별 주요대회]의 두 번째 줄을 서로 비교하면 그 사실을 쉽게 파악할 수 있다. 마지막으로 [표. 세계 주요대회]를 살펴봐도 아시아는 챔피언스리그와 그 하위 대회 'AFC컵'과 연계되지 않음을 확인할 수 있다.

AFC컵 AFC Cup, 클럽대항전

AFC컵은 2004년에 설립됐다. 대회 방식은 챔피언스리그처럼 '서아시아'와 '동아시아'로 나뉘는 방식을 채택하고 있다. 소위 AFC의 '비전 아시아 정책'에 따라 '개발도상국'에 해당하는 국가의 클럽팀이 참가한다. 즉, 아시아 챔피언스리그는 AFC 국가 순위 1~12위 국가가 참여한다면 AFC컵은 국가 순위 7~23위 국가가 참여하게 된다. AFC컵은 유럽의 '유로파리그'에 해당하나 '챔피언스리그'와의 연계가 이뤄지지 않는다. 그럼에도 국가 순위가 낮은 클럽팀들이 참가한다는 점에서 챔피언스리그의 하위 대회임은 분명한 사실이다.

AFC에는 '챔피언스리그'와 그 하위 대회인 'AFC컵'이 있고, 그보다 한 단계 더 아래인 'AFC 프레지던스컵 President's Cup이 2005~2014년까지 존재했다.

참가 팀은 AFC 비전 아시아 정책에 따른 '신흥국가'로 표현된다. 방글라데시나 투르크메니스탄의 클럽팀은 AFC컵에 참가하다가 프레지던스컵으로 강등됐다. 반면 미얀마, 타지키스탄, 키르기스스탄, 팔레스타인의 클럽팀은 AFC컵으로 승격되기도 했다. 보편적으로 위상이 높은 대회에 참가하기 위해서는 한 국가의 클럽팀이 자국리그에서 더 좋은 성적을 거둬야 한다. 하지만 아시아의 경우, 축구에 대한 인프라가 갖춰지지 않은 리그에 소속되어 있다면 애초에 상위 대회에 참여할 수 없는, 조금은 독특한 형태의 연계가 이뤄진다고 볼 수 있다. 그러나 마지막 대회인 2014년 '프레지던스컵' 본선에 진출한 여섯 개 팀이 2015년 'AFC컵' 플레이오프에 참가하는 직접적인 연계가 이뤄지기도 했다. 대회 마지막에 이뤄진 연계라는 점에서 아쉬움이 남지만, 남미의 '코파 리베르타도레스'와 '코파 수다메리카나'도 2017년이 돼서야 연계 시스템을 도입했다는 것을 되뇌어 볼 필요가 있겠다. 프레지던스컵이 폐지된 현재, AFC컵의 질적 향상이 이뤄진다면 챔피언스리그와 연계도 언젠가는 충분히 기대해 볼만하다.

CAF Confederation of African Football
아프리카축구연맹

아프리카축구연맹 CAF는 1957년 2월 8일, 수단의 카르툼 Khartoum 에서 만들어졌고 현재 본부는 이집트 카이로 Cairo 에 자리 잡고 있다. 창설된 해, 남미와 아시아에 이어 세 번째로 대륙별 축구선수권대회, '아프리카네이션스컵'을 개최했다. 자원은 풍부하나 발전이 더딘 아프리카지만, 축구 열기는 어느 곳 못지않게 뜨겁다. 물론, 축구 실력도 뒤지지 않는다. 유럽의 '빅리그 Big League'에서 뛰는 대부분의 아프리카 선수들은 준수한 활약을 펼치고 있으니 말이다. 그러나 아프리카는 물 부족, 질병, 문맹률, 인권, 치안 등이 불안정하다. 또한 부패한 정부, 내전은 끊이지 않는 문제이며 이는 아프리카 선수들에게도 영향을 끼친다.

코트디부아르의 디디에 드록바 Dideier Drogba 는 2002~2007년 동안 이어진 자국의 내전을 멈추는데 큰 영향력을 발휘한 것으로 유명하다. 2006년 월드컵에서 본선 진출을 확정한 후 "서로 용서하고, 총격을 멈춰 달라"는 메시지를 전달한 바 있다. 그 후 정부와 반군의 평화 협정이 체결되며 5년간의 내전이 종료됐다. 그는 축구로 얻게 된 수익의 일부를 내전 피해 지역에 병원을 짓고, 자신의 이름으로 된 협회를 설립, 아프리카 유소년 축구에 발전과 아동 인권보호를 위한 활동을 진행했다. 비극적인 사건은 엠마뉴엘 아데바요르 Emmanuel Adebayor 와 토고 국가대표팀에게 일어났다. 2010년 아프리카네이션스컵 참가를 위해 앙골라 국경을 넘어가다 앙골라 반군의 피습을 당해 두 명의 선수단과 한 명의 운전기사가 사망했다. 사건을 목격한 아데바요르는 큰 충격에 휩싸였고, 3개월 후에 국가대표 은퇴를 선언했다.

아프리카 지역별 축구연맹

UNAF 북아프리카	대회 없음
WAFU 서아프리카	WAFU 네이션스컵 국가대항전
	UEMOA 토너먼트 국가대항전
	서아프리카 클럽 챔피언십 클럽대항전
UNIFFAC 중앙아프리카	CEMAC컵 국가대항전
CECAFA 동·중앙아프리카	CECAFA컵 국가대항전
	CECAFA 클럽컵 클럽대항전
COSAFA 남아프리카	COSAFA컵 국가대항전

아시아 대륙 다음으로 면적이 넓은 아프리카 대륙은 3,200만 제곱킬로미터에 달한다. 이 넓은 면적을 지역별 축구연맹으로 나눠 관리한다. 북아프리카축구연맹 UNAF, 두 개의 구역으로 나뉘는 서아프리카축구연맹 WAFU, 중앙아프리카축구연맹 UNIFFAC, 동·중앙아프리카축구연맹 CECAFA, 남아프리카축구연맹 COSAFA로 총 5개의 지역별 축구연맹이 존재한다.

북아프리카축구연맹 UNAF Union of North African Football Federations 의 회원국은 총 5개국이다. 소속된 모든 국가가 '아랍축구연맹 UAFA'에 소속하여 대회도 출전하기 때문인지, 북아프리카 국가만을 위한 대회는 존재하지 않는다.

서아프리카축구연맹 WAFU West Africa Football Union 는
구역A와 구역B로 나뉘는 것이 특징이다. 서아프리카
경제·통화연합체 'UEMOA Union Economique et Monétaire Ouest Africaine'
국가들의 대회인 'UEMOA 토너먼트 Tournament'는 2007년
시작하여 2014년 대회를 제외*하고는 비교적 꾸준히
열리는 대회다. 'WAFU 네이션스컵 Nations Cup'이 2002년부터,
클럽대항전인 '서아프리카 클럽 챔피언십 West African Club
Championship'이 1977년부터 개최 됐지만 주기가 일정하지 않은
편, 폐지 여부도 확실하지 않다. 중앙아프리카축구연맹
UNIFFAC Union des Fédérations de Football d'Afrique Centrale 에서는
'CEMAC컵'을 주관한다. 'CEMAC Central African Economic and Monetary
Community'은 중앙아프리카 경제·통화연합체를 말한다.

동·중앙아프리카축구연맹 CECAFA Council for East and
Central Africa Football Associations 에서는 국가대항전 'CECAFA컵',
클럽대항전 'CECAFA 클럽컵 Club Cup'을 개최하고, 남은
한 개의 지역. 남아프리카축구연맹 COSAFA Council of
Southern Africa Football Associations 는 국가대항전 'COSAFA컵'를
개최한다. 동·중앙 그리고 남아프리카의 대회 특징은 앞서
언급된 지역보다 대체적으로 역사가 길고 꾸준히 대회가
열린다는 점이다. 'CECAFA컵'과 'CECAFA 클럽컵'이
1973년과 1967년에, 'COSAFA컵'은 1997년부터 시작됐다.
아프리카의 다른 지역 국가대항전이 조별리그를 거쳐 바로
결승이나 준결승을 치르는 반면, 두 지역의 대회는 8강
토너먼트를 치른다. 그만큼 대회에 규모가 크다는 걸 알 수
있다.

* 토고에서 열릴 2014년 대회는 서아프리카 지역에 에볼라
바이러스 Ebola Hemorrhagic Fever 감염자 확산으로 인해 대회가 취소됐다.

아프리카축구연맹

그 외에도 앞서 언급된, 한 개의 축구연맹이 더 존재한다.
아프리카 국가와 서아시아 국가의 일부로 이루어진
아랍축구연맹 UAFA Union Arab de Football Association 다. UAFA는
아프리카 혹은 아시아 지역에 '소속된' 지역별 축구연맹으로
평가되기보단 '독자적인' 지역별 축구연맹으로 봐야 한다.

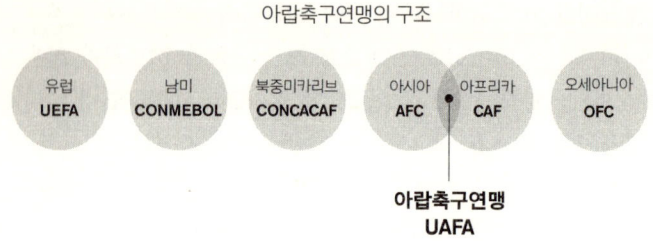

아랍축구연맹의 구조

종합해보면, 보통의 지역별 축구연맹은 '한 개의 대륙별
축구연맹'의 일부 국가로 이뤄지는 반면, UAFA는 '두 개의
대륙별 축구연맹' 일부 국가가 모여 교집합 형태를 나타낸다.
현재 UAFA는 '걸프컵 Gulf Cup of Nations'과 '아랍네이션스컵 Arab
Nations Cup'를 주관하고 있다.

　CAF 아프리카네이션스컵 Africa Cup of Nations, 국가대항전
줄여서 AFCON으로도 표기하는 아프리카네이션스컵은
북중미의 골드컵과 같이 2년에 한 번 대회가 개최된다.
마찬가지로 월드컵이 열리기 전에 우승 국가가
2개국이 되는 셈이다. 골드컵의 경우 플레이오프를
거쳐 컨페더레이션스컵의 진출팀이 정해진다면,
아프리카네이션스컵은 월드컵이 열리기 직전의 대회
우승팀이 컨페더레이션스컵에 참가한다.

여느 대륙별 축구선수권대회—유로, 코파 아메리카, 골드컵, 오세아니아네이션스컵이 6~7월 즈음에 열리는 것과 다르게 아프리카네이션스컵은 1월에 개최된다.* 아프리카 대륙 특성상, 대회가 6월에 개최되면 기온이 높아 선수의 생명까지 위협할 수 있기 때문이다. 한 사례로, 2014년 브라질 월드컵 네덜란드와 멕시코의 16강전에서는 경기 시작 전, 32도씨가 넘으면 심판 재량으로 전·후반 30분경에 3분의 휴식을 줄 수 있는 '쿨링 브레이크 Cooling Break'라는 제도를 처음으로 실행하기도 했다. 경기의 흐름이 끊어진다는 비판의 목소리도 있었지만, 그만큼 무더위 속에 경기를 치른다는 것이 선수들에게 큰 부담을 준다는 것을 상기시킨다.

대회가 유럽 축구 시즌이 한창인 1월에 열리다 보니, '빅리그'의 클럽팀들은 아프리카 선수들의 국가대표 차출이라는 전력 손실을 겪기도 한다. 아시아 선수들의 경우에는 비시즌에 국가대표로 차출이 될 수도 있고, 행여 차출이 된다고 하여도 4년 중에 한 달에 불과하다. 하지만 아프리카 선수들은 예외 없이 2년에 한 달, 즉 격년으로 차출이 이뤄진다. 클럽팀 입장에서는 다소 부담스러운 부분이 아닐 수 없다.

1957년 첫 대회에서 4개국이 참여했다. 개최국 수단과 남아프리카공화국, 에티오피아, 이집트가 참여했으나 남아프리카공화국은 유색인종차별정책인

---

* 목록에서 제외된 아시안컵은 중국과 동남아 4개국이 개최했을 당시에는 7월, 카타르와 호주에서 개최했을 당시에는 11월에 대회가 열렸다. 지역에 따라 개최 시기가 유동적이다.

'아파르트헤이트 Apartheid'로 실격 처리가 된다. 덕분에 에티오피아는 부전승으로 이집트와 첫 경기를 결승전으로 치르게 되는 웃지 못할 상황이 연출됐다. 그 후, 3회 대회가 돼서야 참가 국가가 늘어나 예선과 본선이 자리 잡게 됐다. 대회 역사 중에 공동 개최는 단 두 번 뿐이다. 2000년에 가나·나이지리아, 2012년에 가봉·적도기니가 그 주인공이다. 대회의 최다 우승은 이집트가 7회를 기록 중에 있다. 이집트는 초대 대회 우승과 2006, 2008, 2010년에 3년 연속 우승을 기록한 바 있다. 그러나 '아프리카의 왕자'라고 할 수 있는 이집트는 1990년 이탈리아 월드컵 이후 본선 무대를 한 번도 밟아보지 못했다.

2006년 대회에서는 당시 월드컵 공인구인 '팀가이스트'를 그대로 사용했다면 2008년부터 아프리카네이션스컵을 위한 공인구가 만들어졌다. 월드컵과 유로의 공인구를 디자인한 '아디다스 adidas'가 맡아 대회의 아이덴티티 Identity를 잘 살렸다는 평이다. 전체적으로 아프리카 지역 특색을 살리기 위해 노랑, 빨강, 초록색이 자주 사용됐다. 2015년까지 총 다섯 개의 디자인이 나왔고 2017년에는 브랜드가 없는 독자적인 디자인을 선보였다.

현재, 아프리카네이션스컵 이 외에도 CAF가 주관하는 '아프리칸네이션스 챔피언십 African Nations Championship' 대회가 있다. 2009년에 설립된 대회이며 2014년부터 아프리카네이션스컵과 겹치지 않게 짝수 대회에 개최한다. 이 대회도 마찬가지로 2년에 한 번 개최되므로 아프리카는 1년 내내, 국가대항전 대회가 끊이지 않고 개최되는 지역이라 할 수 있다.

CAF 챔피언스리그 Champions League, 클럽대항전

1964년 '아프리칸 챔피언스 클럽컵 African Cup of Champions Club'으로 시작한 아프리카 챔피언스리그는 1997년이 돼서 현재 명칭으로 바뀌게 됐다. 우승팀은 '클럽월드컵'과 CAF에서 주관하는 '슈퍼컵'에 참가한다.

    아프리카 챔피언스리그의 대회 방식은 예선과 1, 2라운드 Round를 거쳐 살아남은 여덟 개 팀이 두 개 조로 나뉜 후, 최종 토너먼트로 우승팀을 가려낸다. 이때, 2라운드에서 탈락한 팀이 CAF의 하위리그인 '컨페더레이션컵—FIFA 대회와 별개인—'에 합류하게 된다. 이를 아프리카에서는 '플레이오프 라운드 Play-Off Round'라 표현한다. 언어의 차이가 있을 뿐, 유럽 챔피언스리그에서 조별리그 3위 팀들이 '유로파리그 32강 합류'하는 것과 같은 이치다. 좀 더 정확히 말하자면, '플레이오프 라운드'는 챔피언스리그에서 탈락한 여덟 팀을 포함하여 총 열여섯 팀이 참가한다. 그럼으로 아프리카 챔피언스리그의 중간 탈락자는 16강에, 유럽 챔피언스리그의 중간 탈락자는 32강에 합류하는 차이가 있다.

    아프리카는 각 국가 당 챔피언스리그에 진출할 수 있는 팀의 수가 적은 편이다. 보편적으로 대륙별 축구연맹에서 각 국가에 점수를 매겨, 점수가 높은 국가들은 점수가 낮은 국가에 비해 많은 클럽팀을 출전시킬 수 있는 구조다. 대표적으로 유럽의 경우 잉글랜드, 스페인, 독일이 네 팀씩, 이탈리아, 프랑스가 세 팀씩, 네덜란드가 두 팀씩, 각 국가 점수에 따른 차등을 준다. 그러나 아프리카는 1~12위 국가 모두 고작 두 팀씩 챔피언스리그에 참여하고, 그 외 국가도 모두 한 팀씩 참여하는 형태에 그치고 있어 아쉬움을 남긴다. 만약 수준이 높은 리그를 보유한 국가의 클럽팀이 추가로 더 참가한다면 챔피언스리그 경기의 수준이 높아질 뿐 아니라, 아프리카 내 국가들도 챔피언스리그 출전권 확보를 위해 수준 높은 리그를 유지하도록 노력할 것이다. 이런 부분 때문에 아프리카 내에서도 출전권이 너무 적다는 비판의 목소리가 존재한다. 이를 받아들여 1~12위 국가 내에서도 차등을 주는 시스템이 도입될지 지켜볼 일이다.

CAF 컨페더레이션컵 Confederation Cup, 클럽대항전
FIFA에서 주관하는, 대륙별 축구선수권대회 우승국이 참여하는 '컨페더레이션스컵'과 이름이 같다. 복수형 S가 붙은 '컨페더레이션스컵'이 때때로 '컨페드컵', '컨페더레이션컵'이라 불리기 때문에 사실상 대회 이름이 같다고 할 수 있다. 아프리카의 '컨페더레이션컵'은 유럽의 '유로파리그' 격인 대회로 챔피언스리그의 하위리그라는 점을 분명히 집고 넘어가야 한다. 대회 우승팀은 유럽과 마찬가지로 CAF에서 주관하는 슈퍼컵에 참여할 수 있다.

전통적으로 아프리카의 클럽대항전은 당시 챔피언스리그인 '아프리칸 챔피언스 클럽컵'과 1975년에 창설된, 각국의 컵 대회 우승팀이 참가하는 '아프리칸 컵위너스컵 African Cup Winners Cup' 두 대회만 존재했다. 1992년에 유럽의 'UEFA컵'을 모델로 삼은 'CAF컵 CAF Cup'이 만들어졌고, 2004년에 'CAF컵'과 '아프리칸 컵위너스컵'이 통합되면서 현재의 '컨페더레이션컵'으로 자리 잡게 된 것이다.

유럽은 'UEFA컵'이 '컵위너스컵'을 흡수 통합했다면 아프리카는 'CAF컵'과 '컵위너스컵'이 동등하게 통합되면서 새로운 '컨페더레이션컵'이란 대회가 만들어졌다고 할 수 있다. 다시 말해, 유럽의 경우는 '컵위너스컵'을 흡수 통합한

'UEFA컵'이 시간이 흐른 뒤, 대회 명칭만 '유로파리그'로 바뀐 것. 이를 증명하는 것은 우승 기록이다. 현재 유로파리그의 역대 우승 기록에 'UEFA컵'의 기록이 포함된다는 것을 앞서 밝힌 바 있다. 반면 아프리카 '컨페더레이션컵'의 역대 우승 기록을 살펴보면 'CAF컵'이나 '아프리칸 컵위너스컵'의 기록은 포함되지 않는다.

CAF 슈퍼컵 Super Cup, 클럽대항전

1993년부터 시작된 아프리카의 슈퍼컵은 2004년까지 '챔피언스리그' 우승팀과 '아프리칸 컵위너스컵' 우승팀이 맞대결을 펼쳤다. CAF컵의 우승팀이 아닌, 컵위너스컵의 우승팀이 슈퍼컵에 참여하는 방식도 유럽을 모델로 삼았기 때문이라 할 수 있다. 시간이 지난 2005년부터 컨페더레이션컵의 우승팀이 참여하는 현재 방식으로 바뀌게 됐다.

OFC Oceania Football Confederation
오세아니아축구연맹

뉴질랜드 오클랜드 Auckland에 본부를 두고 있는 오세아니아축구연맹 OFC는 대륙별 축구연맹 중 가장 권위가 낮다. 월드컵 본선 진출권이 1장도 채 되지 않는, 0.5장에 불과한 지역이라는 점에서 '축구의 불모지'임을 짐작할 수 있다. 설상가상 연맹의 회원도 14개국뿐이며 그중 FIFA에 가입되지 않은 국가도 존재한다. 오세아니아 지역 국가 중 월드컵 본선을 경험한 국가는 단 두 팀, 호주와 뉴질랜드뿐이다. 1974, 2006년에 호주가, 1982, 2010년에 뉴질랜드가 본선에 진출했다. 20세기에 이룬 본선 진출은 아시아 지역과 함께 치른 월드컵 예선이었다.

2006년을 끝으로 호주가 아시아축구연맹 AFC로 편입하면서 오세아니아 지역의 축구 수준은 더 낮아지고 있다. 그나마 FIFA 랭킹 100위 안으로 위치했던 호주가 떠나면서 오세아니아 지역의 모든 국가는 FIFA 랭킹 100위권 밖에 위치하게 됐다.* 게다가 호주에 이어, FIFA의 비회원국인 북마리아나 제도도 AFC로 편입하는 사례가 이어졌다.

오세아니아 대륙은 크게 오스트랄라시아, 멜라네시아, 폴리네시아, 미크로네시아로 총 4개의 지역으로 나눌 수

---

* 뉴질랜드는 월드컵에 진출한 2010년에는 FIFA 랭킹 63위까지 오르기도 했지만 평균적으로 110~90위권 안에 머물러 있는 실정이다.

있지만, 별도의 지역별 축구연맹을 운영하진 않는다. 호주, 뉴질랜드, 파푸아뉴기니를 제외하곤 모두 작은 섬으로 이루어져 국가 간의 축구 교류가 쉽지 않다는 점이 가장 큰 이유가 될 것이다. 그럼에도 멜라네시아 지역에서는 3개국 국가대항전 대회인 '완톡컵 Wantok Cup'이 있었고, 클럽대항전에선 '멜라네시아 슈퍼컵 Melanesia Super Cup'을 현재까지 진행 중에 있다.

대표적으로 OFC가 주관하는 대회는 국가대항전 '오세아니아네이션스컵'과 클럽대항전 '챔피언스리그'가 있다. 그 외에 'OFC 프레지던스컵 President's Cup'이 있는데, 독특하게 클럽팀과 국가대표팀이 참여했다. 2014년 첫 대회에서 오세아니아 챔피언스리그 우승팀과 준우승팀 그리고 피지 U-20 대표팀이 참가했다. 추가로 아시아축구연맹 AFC와 북중미카리브축구연맹 CONCACAF에서 초청 팀을 받기도 했다. 긍정적으로 말하면 새로운 시도, 부정적으로 보자면 의도를 알 수 없는 대회라 할 수 있겠다. 또한 과거에는 아시아축구연맹과 'AFC·OFC 챌린지컵'이라는 대회를 주관해서 오세아니아네이션스컵 우승팀과 아시안컵, 아시안게임 Asian Games의 우승팀간의 대결이 2년에 한 번씩 열리기도 했다.

OFC 오세아니아네이션스컵 Nations Cup, 국가대항전
영문 표기에서 알 수 있듯이 정식 명칭은 'OFC 네이션스컵'이다. 그러나 대륙 이름이 들어간 '오세아니아네이션스컵'으로 불리는 것이 보편적이다. 1973년 첫 대회를 시작으로 1996~2004년까지는 2년 주기로, 2004부터는 4년 주기로 대회가 열리고 있다.

오세아니아축구연맹　　　　　　　　　　61

우승은 주로 호주와 뉴질랜드가 차지했다. 총 10회 대회 중 뉴질랜드가 5회, 호주가 4회 우승을 기록 중이다. 그마저 호주는 아시아축구연맹 AFC로 편입하면서 앞으로 우승 기록이 추가되지 않을 것으로 보인다. 호주가 제외되며 뉴질랜드의 독주가 당연시되는 듯했으나 예상과는 다르게 2012년, 타히티가 첫 우승을 기록하는 이변이 일어났다. 호주나 뉴질랜드가 아닌, 그 외 국가가 오세아니아 대표로 이듬해 컨페더레이션스컵에 출전한 첫 사례가 된 것. 각 대륙의 우승팀이 참가하는 컨페더레이션스컵에서 타히티는 스페인과 10:0, 우루과이와는 8:0이라는 극단적인 점수 차를 보이며 대륙 간의 실력 차이를 여실히 드러냈다.

    1996, 1998, 2000년까지 예선은 '폴리네시아컵 Polynesia Cup'과 '멜라네시아컵 Melanesia Cup'으로 나눠 치러졌다. 대회 우승팀과 준우승팀이 오세아니아네이션스컵 본선에 진출하는 방식이었다. 1994년, 폴리네시아컵은 멜라네시아컵과 더불어 오세아니아네이션스컵의 예선 역할을 위해 만들어졌다면, 멜라네시아컵은 오세아니아네이션스컵의 예선 역할을 하기 전인 1988년부터 개최되었다. 두 대회 모두 2000년을 끝으로 폐지됐고, 현재는 월드컵 오세아니아 지역예선을 겸해서 예선전이 치러진다. 즉, 지역을 나누지 않고 실력 있는 국가를 최대한 포함 시키는 방식이라 할 수 있다.

    크고 작은 발전에도 불구하고 대회의 규모는 커지기 힘들 것으로 예상된다. 유로의 토너먼트가 8강에서 16강으로 확대되고 그에 따라 아시안컵도 토너먼트 규모 확장을 선언한 반면, 오세아니아는 현실적으로 4강 이상의 규모를 실현시키는 데에 걸림돌이 많아 보인다. 명분은 대륙별 축구선수권대회지만, CONCACAF, AFC, CAF의 지역별 축구연맹이 주관하는 대회와 같은 수준에 머물러 있는 실정이다.

OFC 챔피언스리그 Champions League, 클럽대항전

1987년 '오세아니아 클럽 챔피언십 Oceania Club Championship'으로 시작된 오세아니아 챔피언스리그는 2007년부터 현재 명칭을 사용하고 있다. 한 국가에서 최대 두 팀을 출전 시킬 수 있으며 그 외에 국가는 한 개의 팀을 출전시킨다.

챔피언스리그로 변경된 이후, 뉴질랜드의 클럽팀이 단 한차례만 제외하고 우승을 차지하고 있다. 최다 우승은 뉴질랜드의 오클랜드 시티가 총 여덟 번을 기록 중에 있다. 이는 곧, 클럽월드컵 출전수가 많다는 걸 의미한다. 클럽월드컵 최다 우승을 기록하고 있는 FC바르셀로나가 총 4회 출전을 기록한 반면, 오클랜드 시티는 바르셀로나의 두 배인 8회 출전을 기록하고 있다. 오세아니아 챔피언스리그 2011~2016년까지 총 6회 연속 우승을 기록한 오클랜드 시티는 앞으로 더 많은 클럽월드컵 출전이 예상된다.

그러나 클럽월드컵 성과는 그리 좋지 못하다. 오세아니아 챔피언스리그 우승팀도 다른 대륙과 마찬가지로 챔피언의 자격으로 클럽월드컵에 참여하지만, 개최국 자격으로 참가하는 클럽팀과 플레이오프를 거쳐야 본격적으로 챔피언스리그 우승팀들과 경쟁을 펼칠 수 있기 때문이다. 2009년에 8강, 2014년에 4강 진출이 최고 성적이며 그 외에 모든 대회에서는 플레이오프에서 탈락했다. 플레이오프 상대가 챔피언스리그 우승팀이 아닌,

개최국의 리그 우승팀이라는 점에서 오세아니아의 축구 수준이 낮다는 것을 여실히 보여준다.

현재 오세아니아 지역에는 챔피언스리그의 하위 대회가 존재하지 않는다. 1987년에 '오세아니아 컵위너스컵 Oceania Cup Winners Cup'이 단 한 차례 열리긴 했었다. 보편적으로 각국의 컵 대회 우승팀이 참가하는 대회지만 오세아니아는 단 두 국가, 호주와 뉴질랜드만 참가했다. 결국 두 클럽팀만 참가한 대회는 '컵위너스컵'의 본래 의미보단 '컵 대회 우승자들의 슈퍼컵'으로 흐지부지 끝을 맺었다.

FA Football Association
축구협회

지금까지 대륙별 축구연맹에 구조와 대회를 알아봤다. 이젠 연맹 산하에 있는 축구협회 FA에 대해 알아볼 차례다. 그전에, FA는 '축구협회 Football Association'란 뜻과 더불어 '자유계약 Free Agent 선수'의 뜻도 있다는 것을 집고 넘어가야겠다. 자유계약 선수란 간략히, 구단과 계약이 만료된 만 25세 이상의 선수는 이적료 없이 다른 구단으로 자유롭게 이적할 수 있는 조항을 말한다. 유럽 축구의 경우 보스만 판결 Bosman Ruling*에 의해 계약 만료 6개월 전부터 소속팀의 이적료 지불 없이, 다른 팀과 자유롭게 계약 협상이 가능하다. 우리나라에선 2002년에 자유계약 선수, 즉 'FA제도'가 도입됐다. 정규리그에 절반 이상을 출전해야 한다거나, 자유계약 권리가 선수가 아닌 구단에게 있어 보상금을 내야 하는 문제 등, 여러 조건이 존재한다는 것을 알아둘 필요가 있겠다.

국제축구연맹 FIFA에 가입된 국가가 곧 FA, 축구협회임을 뜻한다. 각 국가마다 축구협회를 가지고 있으며 FIFA에 가입되어 대륙별 축구연맹에 소속되는 것이 일반적이다. 간혹 FIFA에는 가입하지 않았지만 대륙별 축구연맹에 소속되는 경우도 종종 있다.

* 1995년 12월 15일. 유럽사법재판소 European Court of Justice에 의해 선언된 자유 이적 권리에 대한 판결을 말한다. 소송에서 승소한 벨기에 출신 축구선수, 장 마르크 보스만 Jean-Marc Bosman의 이름을 딴 명칭이다.

국가대표팀은 엄밀히 말해 축구협회의 대표팀이다.
협회는 FIFA 또는 대륙별 축구연맹이 주관하는 대회에
국가대표팀을 꾸려 대회에 참가한다. 연령 제한 없이,
모든 축구 대표팀의 유니폼에는 국기가 아닌 축구협회의
엠블럼 Emblem 이 있는 것을 보면, 축구에서 국가란 곧
협회임을 쉽게 이해할 수 있다. 우리나라는 90년대까지만
해도 유니폼에 태극기를 달고 뛰었지만 2002년 한·일
월드컵을 기점으로 축구협회의 엠블럼을 디자인하여 가슴에
달고 뛰고 있다. 북한의 경우, 축구협회 엠블럼이 존재하지만
현재까지 유니폼에 국기를 다는 유일한 나라이다.
국제올림픽위원회 IOC가 주관하는 올림픽 축구에서는
2008년 베이징 Beijing 올림픽부터 협회 엠블럼 대신 국가를
상징하는 국기를 유니폼에 부착하도록 지시하고 있다.

축구협회의 엠블럼을 살펴보면 각 국가의 협회
이름이 약칭으로 표기된 것을 확인할 수 있다. 우리나라는
KFA Korea Football Association, 프랑스는 FFF Fédération Française de
Football 로 프랑스어를 사용할 뿐, 그 의미는 별반 다를 게
없다. 공통적인 부분은 국가명의 영문이 추가된다는 것.
잉글랜드는 예외적으로 The FA로 불린다. 축구 종주국일
뿐 아니라 1863년 최초의 축구협회를 설립한 이유로, 다른
축구협회와 다르게 국가명이 붙지 않는다.

국가별 축구협회 표기 예시

잉글랜드축구협회	The FA The Football Association
스페인축구협회	RFEF Real Federación Española de Fútbol
이탈리아축구협회	FIGC Federazione Italiana Giuoco Calcio
독일축구협회	DFB Deutscher Fußball-Bund

프랑스축구협회	FFF Fédération Française de Football
브라질축구협회	CBF Confederação Brasileira de Futebol
대한축구협회	KFA Korea Football Association
일본축구협회	JFA Japan Football Association

우리나라의 대한축구협회 KFA는 'K리그 K-League'를
총괄하는 '한국프로축구연맹 The Korea Professional Football League'을
비롯 여자축구·실업·유소년·대학·고등·중등연맹을
산하에 두고 있다. 잉글랜드 '프리미어리그 Premier League'를
포함한 유럽 국가의 대부분 리그는 사무국을 운영하고
있으며, 우리나라의 프로축구연맹처럼 축구협회 산하로
리그를 관리—대표적으로 축구협회는 국가대표팀의
일정을, 프로축구연맹 또는 사무국은 자국리그의 일정을
관리—한다. 그러므로 복잡할 수 있는, 클럽팀 선수의
국가대표 차출 문제나 A매치와 리그 일정 조율 등 복잡한
문제를 원활하게 해결할 수 있다.

이제부터 협회의 축구대회, 즉 각 국가의 주요
축구대회를 알아보자. 맨 앞 장, 하단에는 [표. 국가별
주요대회]가 대륙별로 정리되어 있다. 표를 보면, 맨
윗줄은 각 국가의 최상위 '리그', 다음은 협회 소속의
모든 팀이 참여하는 '컵' 대회, 세 번째 줄은 협회 소속의
프로팀들이 참여하는 '리그컵', 마지막 네 번째 줄은 리그
우승팀과 컵 대회 우승팀이 대결을 펼치는 '슈퍼컵'이
있다. 그 외에도 여자축구·유소년 등등 많은 대회를
주관하지만 대표적인 대회는 이 네 개의 대회다. 표를
보면 국가별로 한 시즌 당 최소 두 개에서 많게는 네 개의
대회가 진행되고 있음을 알 수 있다.

리그 League

리그에 소속된 클럽팀이 각각의 상대팀과 홈 앤드 어웨이로 경기를 펼친 후에 가장 많은 승점을 얻은 클럽팀이 최종 우승자가 된다. 승점은 승리 시 3점, 무승부는 1점, 패배했을 경우 0점을 부여받는 '풀리그' 방식이다. 경기 수는 리그에 소속되어 있는 팀의 숫자에 따라 달라진다. 스무 개 팀이 있는 리그는 자신의 팀을 제외하고 열아홉 팀과 두 경기 씩, 즉 38라운드를 치르고 열여덟 팀이 있는 리그는 열일곱 팀과 두 경기 씩인 34라운드 경기를 치른다. 리그에 총 열두 개 팀이 있는 현재 K리그는 한 팀이 열한 개 팀과 세 경기 씩, 즉 33라운드 경기를 펼친 뒤에 남은 5라운드를 상위 1~6위 팀과 하위 7~12위 팀으로 나눠 상대팀과 각각 한 경기 씩을 치러 38라운드를 채운다. 이를 '스플릿 시스템 Split System'라 한다.

각 국가의 리그 우승팀과 상위팀은 지역별 축구연맹에서 주관하는 챔피언스리그 혹은 코파 리베르타도레스에 출전할 수 있다. 리그의 이름은 각 국가마다 다르다. [표. 국가별 주요대회-UEFA]를 살펴보면 잉글랜드는 '프리미어리그', 스페인은 '프리메라리가'로 불리고 대륙을 옮겨 [표. 국가별 주요대회-AFC]를 보게 되면, 우리나라는 'K리그', 일본은 'J리그 J-League'로 불리는 것을 확인할 수 있다. 명칭은 제각각 다르지만 모두 각 국가의 최상위 리그인 '1부리그'를 지칭한다.

쉽게 눈치챌 수 있겠지만, 최상위 리그인 '1부리그'가 있다면 그 하위에 '2부리그', '3부리그'도 존재한다. 시즌이 종료된 시점에서 1부리그의 하위팀은 다음 시즌 2부리그로 강등되고 반대로 2부리그 우승팀과 상위팀은 1부리그로

승격할 수 있다. 서로 다른 리그지만 '승강제'를 통해
서로 연계가 된다. 축구 종주국인 잉글랜드의 경우에는
협회에 등록된 조기축구회나 직장인·동호회 축구를
포함하면 총 '24부리그'까지 존재하니 실로 어마어마한
시스템을 구축하고 있다. 1~4부리그는 프로, 5~6부리그는
준프로, 7~10부리그는 아마추어로 분류되며 마지막으로
11~24부리그는 협회에 등록된 일반인 축구팀이다.
산술적으로 24부리그의 팀이 1부리그까지 승격이
가능하지만 현실적으로는 불가능한 일이라 할 수 있다.
이유는 간단하다. 아무리 팀이 승승장구해도 10부리그
이상으로 소속되려면 프로 기준에 맞는 홈 경기장을
소유하고 있어야 하기 때문. 이를테면 홈 경기장을 소유한
실력이 좋은 팀이라면 창단된 후 곧바로 10부리그 안으로
안착도 가능하다.

    K리그의 승강제는 2013년부터 시작됐다. 이웃나라
일본의 승강제가 1999년에 시작한 것을 감안하면 굉장히
늦은 도입이다. 우리나라가 늦게나마 승강제를 시작하게
된 근본적인 원인은 아시아 챔피언스리그의 출전권
불이익 때문이다. 항간에는 승강제가 없는 리그는 아시아
챔피언스리그에 참여할 수 없다는 이야기까지 나돌았다.
이에 K리그는 2013년 이전부터 승강제 도입을 위한 계획을
실시했다. '한국실업축구연맹 Korea National League'이 운영하는,
당시 2부리그였던 '내셔널리그 National League'의 우승팀이
승격하여 K리그 팀 숫자를 늘릴 계획이었던 것. 그러나
리그 우승을 차지한 실업축구팀들의 승격 거부 사태가
일어난다. 프로로 전향했을 때 납부해야 하는 금액 10억
원과 축구발전기금 30억 원을 내야 했고, 운영자금이

넉넉하지 않은 실업축구팀에겐 이익보단 손해가 많은 거래였다. 이런 문제점 때문에 한국프로축구연맹은 K리그와 그 하위리그를 만들어 운영하게 된다. 1부리그에 'K리그 클래식Classic', 2부리그에 'K리그 챌린지Challenge'가 탄생하면서 역사적인 첫 승강제가 실시됐다. 현재 클래식의 최하위 팀과 챌린지의 우승팀이 곧바로 강등과 승격을 하게 된다. 챌린지 2위 팀—혹은 플레이오프를 거쳐 올라온 3, 4위 팀—이 클래식의 꼴찌에서 두 번째인 11위 팀과 승강 플레이오프 경기를 펼친다. 현재 우리나라의 리그 구조는 다음과 같다.

한국 축구리그 시스템

1부리그	K리그 클래식 2018년 'K리그 1'로 명칭 변경
2부리그	K리그 챌린지 2018년 'K리그 2'로 명칭 변경
3부리그	내셔널리그
4부리그	K3리그 어드밴스
5부리그	K3리그 베이직

1~2부리그 프로, 3부리그 실업축구, 4~5부리그 아마추어로 나눠진다. 2017년부터 4~5부리그인 'K3리그K3-League'에도 승강제가 도입된 점이 고무적이다. 표를 보면 알 수 있듯, 중간에 3부리그 내셔널리그가 승강제를 가로막고 있는 형국이다. 현재 대한축구협회의 계획으로는 2020년에 '내셔널리그'가 'K리그 챌린지'나 'K3리그 어드밴스Advance'에 편입할 계획을 세워 통합적인 승강제를 목표로 하고 있다. 더 장기적으로는 1~2부리그가 프로, 3~4부리그가 세미프로, 5~7부리그가 아마추어인 광역축구, 기초축구클럽으로 리그 승강제를 더욱 활성화시킬 계획에 있다.

컵 Cup

자국의 컵 대회는 토너먼트를 뜻한다. 출전하는 모든 팀과 공평한 횟수로 경기를 치르는 리그와 다르다. 토너먼트는 추첨을 통해 하나의 클럽팀과 대진이 결정된 후 승리하면 다음 라운드로, 패배하면 즉시 탈락하게 된다. 한 국가에서 컵 대회라 하면 '토너먼트' 방식, 리그 대회라면 '리그' 방식으로 이루어지는 것이 보편적이지만 규모가 큰 국제 대회, 국가대항전이나 클럽대항전에서는 꼭 그렇지마는 않다. 컵이라고 칭하는 월드'컵'의 경우 조별'리그'를 거친 후 16강 '토너먼트'에 돌입하게 되고, 리그라고 칭하는 챔피언스'리그'를 포함한 대부분의 대회도 월드컵과 마찬가지로 조별리그와 토너먼트를 병행하고 있음을 익히 알 수 있다.

각 국가의 컵 대회 우승팀은 대개 대륙별 축구연맹 챔피언스리그의 하위 대회에 출전한다. 유럽은 유로파리그, 남미는 코파 수다메리카나, 아프리카는 컨페더레이션컵의 진출권을 확보하게 된다. 그 외에 하위 대회가 제대로 갖춰지지 않은 대륙 소속 국가의 컵 대회 우승자는 챔피언스리그에 출전한다.

주어가 없이 '컵 Cup'이라고만 지칭하니 뭔가 허전한 느낌이 든다. 대체 무슨 대회란 말인가? 축구협회는 대부분의 리그에 운영 기관을 따로 만들어 간접적으로 관리한다면 컵 대회는 축구협회가 직접 관리하는 대회다. 그러므로 이 컵 대회는 '축구협회'컵, 즉 'FA'컵이라 불린다. 앞서 나온 [표. 국가별 축구협회의 표기예시 66~67p]에서 보았듯이 축구협회를 지칭하는 약칭은 각 국가마다 다르다는 걸 알 수 있었다. 그러므로 의미는 같으나 FA컵의 대회 명칭도 국가마다 각기 다를 수밖에 없다. 대회 명칭의 분류는 크게 세 가지로 나눌 수 있다.

첫 번째는 단순하게 FA컵이라 칭하는 것이다. 처음부터 축구협회를 FA라 불렀던 잉글랜드는 당연히 이 명칭을 그대로 사용한다. 우리나라도 이 대회를 FA컵이라 부르지만 확실하게 구분 짓자면 앞에 '코리아'가 생략되어 있는 것이다. 우리나라의 FA컵의 공식 영문 명칭은 '코리아 풋볼 어소시에이션 컵 Korea Football Association Cup'이기 때문이다. 그래서 중국의 경우 국가 생략 없이 'CFA China Football Association 컵', 호주의 경우도 'FFA Football Federation Australia 컵'으로 불린다. 두 번째는 모국어로 '국가의 컵'이란 뜻을 가지고 있는 경우다. 프랑스는 프랑스어로 컵이란 뜻의 '쿠프'를 붙여 '쿠프 드 프랑스 Coupe de France, 이탈리아는 이탈리아어로 컵을 뜻하는 '코파'를 붙여 '코파 이탈리아 Coppa Italia', 독일은 독일어로 컵을 뜻하는 '포칼'과 축구협회 약칭을 따 'DFB포칼 DFB Pokal'로 불리고 있다. 마지막 세 번째는 '나라의 왕 호칭을 딴 대회 이름'이다. 스페인과 일본이 대표적이다. 스페인은 스페인어로 '국왕國王'을 뜻하는 '레이 Rey'가 들어가 '코파 델 레이' 또는 '국왕컵'이라 부른다. 일본은 '하늘의 황제'란 뜻의 '천황'과 한문으로 잔 배杯자를 써서 '천황배天皇杯'로 부르고 있다.* 이러한 명칭이 낯설지만 우리나라에도 '대통령배 국제축구대회 大統領杯國際蹴球大會'란 비슷한 명칭이 있었다. 1971~1993년까지 개최된 초기에는 아시아 국가를 위한 대회, 후기에는 대륙 구별 없이 치러지는

* '천황'은 일본 내에서의 명칭이다. 그 나라의 언어로 된 대회 표기를 위해 '천황배'라 불렀지만, 우리나라 입장에서는 일본의 왕, '일왕'일 뿐임으로 '일왕배'라 부르거나 '일본의 FA컵'이라 순화해서 부르는 편이 낫다.

국가대항전이었다는 점에서 지금 말하는 컵 대회와는 명분이 다르지만, 대회 명칭은 같은 맥락이라 할 수 있겠다.

축구협회, 국가의 컵도 모자라 '국왕'컵이라 불리는 것으로 보아 대회 권위를 충분히 짐작할 만하다. 컵 대회는 명칭에 걸맞게 협회에 등록된 모든 팀—리그팀을 포함한 프로와 아마추어—이 대회에 참여한다. 우리나라로 예를 들면, 1라운드에서 5부리그인 'K3리그 베이직Basic' 팀과 '대학' 팀, '직장인' 팀이 참가하는 가운데 승리한 팀은 2라운드에 진출한다. 2라운드에서는 4부리그인 'K3리그 어드밴스' 팀과 '대학' 팀이 추가로 합류한다. 대학·아마추어 팀들은 낮은 라운드를 거치며 생존하고, 프로·실업 팀인 3부리그 '내셔널리그'와 1, 2부리그 'K리그 클래식과 챌린지'는 비교적 늦은 3~4라운드에서 합류한다. 약간의 차이는 있을 수 있으나 모든 나라는 이러한 방식으로 컵 대회를 진행하게 된다.

리그컵 League Cup

FA컵이 프로·아마추어 구분 없이 참가한다면 리그컵은 리그에 참여하는 프로팀만을 위한 컵 대회다. 그러나 모든 국가에 이 대회가 존재하는 것은 아니다. [표. 국가별 주요대회]를 참고하면 대다수의 나라에 리그컵이 없는 것을 확인할 수 있다. 리그컵은 FA컵과 교집합적인 부분—프로팀이 한 시즌에 FA컵과 리그컵, 두 개의 컵 대회에 출전한다는 점—이 명백하게 존재한다. 때문에 한 시즌 경기 수가 늘어나 선수 혹사 또는 비효율적인 운영 문제가 대두되며 리그컵을 폐지하거나, 애초에 리그컵을 진행하지 않은 국가가 더 많은 상태다. 대표적으로 스페인의 리그컵, '코파 데 라 리가 Copa de la Liga'는 1982~1986년까지 진행되다가 위에 언급된 문제로 인해 대회를 폐지시켰다. 현재 리그컵이 있는 대표적인 국가는 잉글랜드, 스코틀랜드, 프랑스, 포르투갈이 있고 아시아에선 일본이 유일하다. 또한 리그컵이 있는 국가는 리그컵 우승팀에게도 유로파리그 출전권을 나눠 배정하는 것이 일반적이다.

잉글랜드에서 리그컵은 '풋볼리그컵 Football League Cup'이라 불리며 후원에 따라 '밀크컵 milk Cup', '칼링컵 Carling Cup', '캐피탈원컵 Capital One Cup'으로 불렸다. 대회는 1부리그인 '프리미어리그'의 팀과 2, 3, 4부리그의 '풋볼리그 챔피언십 Football League Championship·원 One·투 Two' 팀이 참여하게 된다.

잉글랜드 내에서도 이 리그컵에 대한 의견은 분분하다. 축구 종주국으로서 리그컵을 오랜 전통으로 보는 측면과 클럽대항전에서 졸전 하는 이유를 리그컵을 비롯한 무리한 경기 일정에서 찾곤 한다. 모든 것은 변화한다지만, 잉글랜드의 대회 전통을 무시할 수 없는 이유 중에 하나는 리그컵이 비단 '풋볼리그컵'만 있는 것이 아니기 때문이다. 3부리그 '풋볼리그 원'과 4부리그 '풋볼리그 투' 팀들을 위한 '풋볼리그 트로피 Football League Trophy'라는 리그컵도 존재하기 때문이다. 하나의 시스템으로 묶여 있는 대회 구조를 성적만을 위해 쉽게 폐지해 버린다는 것은 분명 깊게 생각해 봐야 할 일이다.

리그컵의 대회 방식도 '컵' 대회이므로 토너먼트가 일반적이다. 그러나 1992~2011년까지 진행된 우리나라 리그컵은 풀리그 방식이나 조별리그를 거쳐 토너먼트로 넘어가는 변형된 방식을 택하기도 했다.* 다른 점은 여기서

* 현존하고 있는 일본의 J리그컵도 한국과 마찬가지로 변형된 형태의 토너먼트를 실행하고 있다.

그치지 않는다. 우리나라의 리그컵은 대회 의도 자체가 달랐다. 팀이 적었던 당시 K리그는 모든 경기를 뛰고도 경기 수가 적은 편이었고, 이 부족한 경기를 리그컵에서 채우는 방식이었다. 덧붙여 시즌 시작 전에 열리면서 일부 팀은 주전 선수의 부상을 염려하거나 새로운 선수들을 실험하기 위해 2군 선수를 내보내기도 했다. 우승을 차지해도 유럽처럼 클럽대항전에 나가는 것도 아니니 그렇게 큰 명성을 얻는 것도 아니었다. 2012년이 되면서 K리그에 도입된 '스플릿 시스템'으로 인해 시즌 후반기를 상위팀과 하위팀으로 나눠 경기를 펼치게 됐고, 리그컵의 필요성은 줄어들며 자연스럽게 폐지됐다.

'스플릿 시스템'은 우승과 챔피언스리그 진출권, 강등 여부를 알 수 있는 재미를 선사한다. 리그컵의 전통이 부족했던 우리나라는 관심을 갖지 않는 대회를 폐지시키고 실속 있는 일정과 구성으로 변화했다고 평가할 수 있는 대목이다.

슈퍼컵 Super Cup

한 국가 내에서 슈퍼컵이란 리그 우승팀과 FA컵 우승팀이 만나 대결을 펼치는 대회를 말한다. 우승팀은 시즌 마지막에 정해지기 때문에, 슈퍼컵은 다음 시즌 개막을 알리는 단판 경기가 된다. 잉글랜드 슈퍼컵의 옛 명칭이 자선경기를 뜻하는 '채리티 실드 Charity Shield'로 불렸다는 점에서 우승의 의미가 낮았던 대회라 할 수 있으나, 요즘은 꼭 그렇지도 않다. 새로운 시즌이 시작되기 앞서 트로피를 들어 올린 다는 것은 팀에게 긍정적 효과를 불러 일으키기 충분하기 때문이다.

명칭은 독일에선 '슈퍼컵'이라 불리고 이탈리아, 스페인도 역시 '슈퍼컵'의 본토 발음인 '수페르코파 Supercoppa/Supercopa'로 불린다. 프랑스는 챔피언의 트로피라는 뜻의 '트로페 데 샹피옹 Trophée des champions'으로 불리며, 트로피의 모양이 '방패 Shield' 또는 '접시 Schaal'를 닮은 잉글랜드와 네덜란드는 각각 '커뮤니티 실드 Community Shield'와 '요한 크루이프 스할 Johan Cruyff Schaal'로 불린다.

계속해서 잉글랜드의 슈퍼컵 '커뮤니티 실드'로 예를 들자면, 처음부터 리그 우승팀과 FA컵 우승팀이 대결을 펼쳤던 것은 아니다. 1908년부터 개최된 대회는 당시 1부리그였던 '풋볼리그 Football League' 우승팀과 아마추어인 '남부리그 Southern League' 우승팀 간의 대회였고 1921년이 되어서야 리그 우승팀과 FA컵 우승팀 간의 대결이 이뤄졌다. '채리티 실드' 시절에는 무승부를 거뒀을 때 승부를 가리지 않았다. 옛 정보를 찾아보면 공동 우승 기록이 남아있다. 현재는 우승팀을 가리기 위해 연장전과 승부차기를 진행한다.

우리나라에서는 1999~2007년까지 '슈퍼컵' 대회가 열렸다. 현재는 폐지된 상태이며, 이를 대신하기 위해 리그 개막전을 'K리그 우승팀'과 'FA컵 우승팀'이 경기를 펼친다. 시즌 시작을 '우승팀 대 우승팀'의 경기를 펼침으로 미디어 Media 와 관중들에게 이목을 끌 수는 있다. 그러나 개막전에서 '디펜딩 챔피언 Defending Champion'에게 주어져야 할 일정에 대한 어드벤티지 Advantage 는 커녕, FA컵 디펜딩 챔피언과 단두대 매치를 치러야 하는 부담감을 떠안게 된다. 한 가지 예로, 잉글랜드 프리미어리그 '디펜딩 챔피언'의 개막전 일정을 살펴보면 이를 쉽게 이해할 수 있다.

프리미어리그 디펜딩 챔피언의 개막전 상대팀

2016-17	레스터 시티	VS 헐시티 승격
2015-16	첼시	VS 스완시 시티 8위
2014-15	맨체스터 시티	VS 뉴캐슬 유나이티드 10위
2013-14	맨체스터 유나이티드	VS 스완지 시티 9위
2012-13	맨체스터 시티	VS 사우샘프턴 승격
2011-12	맨체스터 유나이티드	VS 웨스트 브롬위치 11위
2010-11	첼시	VS 웨스트 브롬위치 승격

프리미어리그를 포함한 4대 리그라 불리는 스페인, 독일, 이탈리아의 2010~2017년, 총 7년간 디펜딩 챔피언의 리그 개막전을 살펴보면 잉글랜드 기록과 다르지 않다. 평균 8~16위를 기록한 중·하위권 팀과 대결이 대부분이었다. 4대 리그를 통틀어 4위권 팀과 대결한 예는 스페인의 프리메라리가, 2012-13시즌 디펜딩 챔피언 레알 마드리드가 3위를 기록했던 발렌시아CF와 개막전을 가진 것과 2011-12시즌 디펜딩 챔피언 바르셀로나가 4위를 기록한 비야레알과 대결을 펼쳤던 경기가 유일하다. 백 번 양보해서 5위와 대결했던 경우를 살펴본다 해도 4대 리그를 통틀어 총 세 번에 불과하다. 이 사례를 살펴봤을 때, K리그 챔피언이 다음 시즌에 약간의 이점을 잃고 시작한다는 것은 명백한 사실이다.

개막전을 슈퍼컵으로 대체했을 때 문제점은 이뿐만이 아니다. FA컵 우승팀이 리그에서 강등을 당했다거나, 2부리그팀이 우승을 한다던가, 한 팀이 K리그와 FA컵을 우승하는 '더블Double'을 기록했을 때 슈퍼컵의 의미를 가졌던 개막전은 온데간데없어지게 된다. 보통 슈퍼컵 대회에서 '더블'을 기록할 경우에는 FA컵의 준우승팀이 나오는 것이 일반적이라 할 수 있으나, 리그 개막전에서 리그 우승팀과 FA컵 준우승팀이 맞붙었을 때에는 정말 아무 의미도 없는 개막전인 것이 치명적으로 보인다.

알아두면 좋은 축구용어

2

FC Football Club
풋볼클럽

여러 해외 클럽팀의 명칭을 살펴보면 연고지의 앞이나 뒤에 FC라는 명칭이 함께 붙어 있는 경우를 볼 수 있다. FC는 '풋볼클럽 Football Club'의 약칭으로 한글로 순화하면 '축구단'이라는 뜻이다. 그러나 꼭 모든 클럽팀이 FC라는 약칭을 사용하는 것은 아니다. 지역과 뜻에 따라 제각기 다른 약칭을 사용하는 경우가 더 많다. 다음은 지역별로 많이 쓰이는 약칭을 정리한 것이다.

유럽 국가별 축구단 약칭

잉글랜드	FC Football Club
	AFC Association Football Club
	Utd. United
스페인	CF Club de Fútbol
	UD Unión Deportiva
	CD Club Deportiva
	RCD Reial Club Deportiu
	SD Sociedad Deportiva
이탈리아	SSC Società Sportiva Calcio
	SS Societ Sportiva
	US Unione Sportiva
	AS Associazione Sportiva
	AC Associazione Calcio

	CFC Cricket and Football Club
	BC Bergamasca Calcio
	UC Unione Calcio
	US Unione Sportiva
독일	RB Rasen Ballsport
	BSC Berliner Sport-Club
	FSV Fußball und Sport Verein
	TSG Turn und Sport Gemeinschaft
	SC Sport Club
	VfL Verein für Leibesübungen
	SV Sport Verein

영어권인 잉글랜드는 FC와 AFC Association Football Club 의 약칭을 주로 사용하고 스페인, 이탈리아, 독일도 자국의 언어로 '축구단', '스포츠단' 등 그 의미는 일맥상통한 약칭을 사용하고 있다. 우리나라의 경우, 영어의 영향으로 FC는 익숙하지만 '레알 마드리드 CF Club de Fútbol'와 같은 약칭은 어딘지 모르게 낯설다. 그러나 당황해할 필요 없이 클럽팀에 붙은 모든 약칭은 간단하게 '축구단'이라는 의미라고 생각하면 쉽다.

유럽의 스포츠 문화보단 미국의 스포츠 문화에 영향을 받은 우리나라는 클럽팀 명칭에 기업명이 들어가는 것은 물론, 수원 삼성 '블루윙즈 Bluewings', 전북 현대 '모터스 Motors' 등 닉네임 Nickname 까지 넣으며 미국 스포츠팀의 명칭을 표방했다. 심지어 기업명이 들어가지 않는 전통 있는 시민구단, 대전의 경우에도 대전 '시티즌 Citizen'이라는 닉네임을 쓰는 것이 일반적이며 현재까지 이 명칭을 즐겨 사용 중에 있다.

90년대 이전에는 클럽팀의 명칭을 영문으로 표기했을 때, 'FC'라는 약칭으로 표기하는 것보단 'Football Club'이라고 풀어쓰는 것이 관례적이었다. 이를 한글로 바꿔 '축구단'으로 순화해서 사용했으니 FC라는 약칭은 우리에게 익숙하지 않았던 것이 사실이다. 그나마 90년대 후반이 되면서 서포터스 Supporters 문화가 정착되고, 축구팬들 사이에서는 자신이 응원하는 팀 이름에 기업명을 빼고 FC를 넣어 부른 것이 비공식적인 시초라 할 수 있겠다.

K리그는 2002년 한·일 월드컵 4강 신화를 이뤄내며 프로 축구 인기에 상승세를 탄다. 여기에 기초해, 신생구단이 생겨나며 FC라는 용어가 표면적으로 적극 사용된다. 2002년 '대구FC'가 창단됐고, 2003년에 인천시민구단이 창단되면서 당시에는 낯선 '연합의 축구단'이란 뜻의 '인천 유나이티드 United FC'을 명칭으로 선택한다. 2004년 안양LG 치타스는 서울로 연고 이전을 하며 과감하게 기업명을 뺀 'FC서울'로 명칭을 바꾼다.

그 이후로 기존에 있던 팀들은 암묵적으로 빠져있던 FC라는 단어를 드러내는 경우가 많아졌다. 특히, 엠블럼의 디자인 변화 과정을 살펴보면 의도를 쉽게 이해할 수 있다. 80, 90년대에 창단된 우리나라 프로 클럽팀의 엠블럼을 살펴보면 FC라는 명칭이 빠져있는 경우가 대부분이다. FC라는 명칭이 들어갔다 해도 90년대 후반이나 2002년을 전후로, 엠블럼 리뉴얼 Renewal 을 통해 FC가 들어갔다는 것을 확인할 수 있다.

유럽의 클럽팀을 살펴보면 대부분의 팀 이름에는 기업명이 들어가지 않는다. 그래도 예외는 있는 법. 기업 '레드불 Red Bull' 팀들이 대표적이다. 레드불은 독일,

오스트리아 리그에 각각 RB라이프치히 Rasen Ballsport Leipzig 와 FC레드불 잘츠부르크 FC Red Bull Salzburg 를 포함해 미국 '메이저리그사커 Major League Soccer'에서도 뉴욕 레드불스 New York Red Bulls 를 소유하고 있다. 여기서 주목할 점은 같은 유럽에 위치한 독일의 라이프치히와 오스트리아의 잘츠부르크에 영문 풀네임이다. 잘츠부르크는 기업명인 레드불이라는 단어가 정확하게 명시됐지만 라이프치히는 간접적으로 레드불을 떠올리게 하는 약칭, RB가 사용됐다. 이는 독일 '분데스리가 Bundesliga'에서는 팀에 기업명이 들어가면 안 된다는 규정이 있으며, 기업이 팀의 소유권을 일부 가질 수 있을 뿐 전부를 가질 수 없기 때문이다.

그래서 라이프치히는 RB를 '잔디 위의 공 Rasen Ballsport'이라는 뜻으로 팀 이름을 등록한다. 그러나 엠블럼에 들어간 RB의 폰트 디자인과 색상을 보면 그 의도가 확연히 드러난다. 레드불 팀들의 엠블럼은 같은 형태의 디자인을 유지할 뿐 아니라 영문 기업명 'Red Bull'이 기업 폰트와 색상으로 들어가는 것이 모두 동일하다. 라이프치히의 경우에는 'Red Bull'이라고 표기하진 못했지만, 'RB'라고 표기한 부분의 색상과 폰트가 레드불 기업의 로고 폰트와 같다는 것을 분명히 알 수 있다. 라이프치히는 이 엠블럼을 2014년까지 사용했고, 독일 분데스리가의 요청으로 기업의 상징을 최소화한 엠블럼으로 변경하게 됐다.

팀명에 기업명이 들어가면 엠블럼에도 기업의 아이덴티티가 표현되는 경우가 종종 있다. 전북 '현대'의 경우 2006~2012년까지 사용된 엠블럼에 '현대 자동차'의 로고가 포함되다가 그 후로 삭제했다. 수원 '삼성'의 경우도 1998~2007년까지 사용한 엠블럼 하단에 'SAMSUNG

FC'라는 문구를 사용하다가 2008년, 그 위치에 지역 연고인 'SUWON'을 영문으로 표기했다. 두 팀의 경우 엠블럼에 기업 상징을 삭제하며 축구팬과 연고지를 우선시 하는 모습을 보였다.

반면에 부천SK는 부천에서 제주로 연고 이전을 하며 팀 이름에 기업명을 뺐지만, 엠블럼에서 기업 아이덴티티를 확연히 드러내는 모습을 보인다. 당시 엠블럼에 빨간색으로 된 기업 로고가 들어갔다면 연고 이전 후에는 새롭게 디자인된 브랜드Brand 로고, 더 얇아진 폰트와 기존 빨강에 주황색이 가미되어 부드러움을 표현한 디자인으로 변경됐다. 이는 제주 유나이티드의 엠블럼에 고스란히 녹아들었다.* 그렇게 제주는 부천SK의 주된 색이었던 빨간색을 버리고 주황색을 팀의 상징 색으로 채택한다. '감귤', '한라봉' 등 제주하면 주황색이 떠오른다는 점, 연고 이전과 브랜드 로고의 색상 변화가 2006년으로 같은 해에 이뤄졌다는 점에서 기업 마케팅Marketing 측면으로 연고 이전을 감행했다는 인상을 남긴다.

클럽팀 이름에 기업명이 들어간다는 것은 단순히 '그 지역의 클럽팀을 후원한다는 뜻'으로 해석할 수도 있다. 그러나 기업의 영향력이 커지다 보면 '연고의 클럽팀'이 아니라 '기업의 클럽팀'이 되기 십상이다. 축구팬들은 대기업들의 이런 행보에 대해 항상 경계해야 되며 좋은 투자를 할 수 있게 목소리를 높여야 할 것이다.

---

* 표면적으로는 엠블럼에 기업명은 빠졌지만, SK의 브랜드 로고인 나비 날개를 형상화한 스펠링 S와 K를 엠블럼의 기본 틀로 형상화하며 기업의 이미지를 살린 디자인을 채택했다.

Reserve
리저브

A팀에 해당하는 성인 국가대표팀이 그 하위에 청소년팀을 단계별로 두고 있는 것처럼, 클럽팀 안에서도 유스Youth 팀과 시니어Senior 팀으로 구분할 수 있다. 시니어, 즉 성인팀을 또다시 두 그룹으로 나눌 수 있는데, 최고 전력인 1군과 예비 명단인 2군으로 세분화된다. 우리나라 국가대표팀에서 2군은 상비군常備軍에 해당하며, 70, 80년대에는 1군과 2군을 정확하게 나눠 경기를 치르기도 했다. 여기서 2군에 해당하는 팀을 리저브팀 또는 B팀으로 부른다.

    대표적으로 잉글랜드 클럽의 리저브팀은 U-23 팀과 병행한다. '프리미어리그2'라고 불리는 '프로페셔널 디벨로프먼트 리그Professional Development League ―리저브리그―'는 프리미어리그―1부리그―와 승강제로 연계되지 않는 별도의 리그를 만들어 2군 또는 23세 이하 선수들이 참여하게 된다. 리그 자체는 리저브리그라고 불리지만 선수 규정을 보면 U-23 대회에 더 가깝다. 등록된 선수는 모두 23세 이하가 대부분이며 1군을 포함한 다른 연령대에서 네 명의 선수를 포함시킬 수 있다. 가령, 23세 이상인 1군 선수가 부상에서 복귀를 앞두고 실전 감각을 끌어올리기 위해 리저브리그에서 경기를 뛰는 방식이다. 2016년, 3년 만에 부활한 우리나라 'R리그Reserve League'도 잉글랜드와 같은 형태를 유지한다. R리그는 K리그와 연계되지 않고, U-21 팀이 주축이 되며, 전력에서 제외된 1군 선수를 포함할 수 있다. 잉글랜드 리저브리그가 2017년 이전에는 연령 제한이 21세 이하였던 것을 감안하면 같은 방식이라 할 수 있다.

잉글랜드를 포함한 대부분 국가는 리저브리그가 별도로 존재하지만, 스페인의 경우에는 리저브팀을 위한 별도의 대회가 존재하지 않는다. 스페인에서 리저브팀은 'B팀'으로 불리게 되는데, 이 B팀들은 대부분 '프리메라리가―1부리그―'의 하위리그인 '세군다 디비시온 Segunda División A, B―2부리그―'에 위치하게 된다.* 승강제로 이어진 리그이기 때문에 B팀들은 언제든지 '테르세라 디비시온 Tercera División―3부리그―'까지 강등이 가능하다. 이 말은 B팀도 1부리그까지 올라갈 수 있다는 것처럼 보이게 한다. 하지만 B팀이 1부리그에 올라갈 경우, 하나의 클럽에서 두 개의 팀이 참가하게 되므로 B팀이 1부리그로 승격할 수 없다는 조항이 존재한다. 이런 이유로 스페인의 B팀들은 성인팀이 참여하는 '코파 델 레이―스페인의 FA컵―'에 참여할 수 없게 된 것이다.

잉글랜드의 사례처럼 리저브리그 내에 연령 제한이 있을 경우, 각 팀들의 수준이 비슷할뿐더러 동기부여도 낮을 수밖에 없는 것이 사실이다. 스페인의 경우처럼 리저브인 B팀이 2부리그에서 경기를 가지면, 어린 선수에게 연령 제한 없는 프로팀을 상대할 기회와 성장 가능성을 한껏

---

* 스페인 2부리그, '세군다 디비시온'의 '세군다 Segunda'는 '두 번째'라는 뜻을 가진다. 그러나 A리그와 B리그, 두 개의 디비전 Division 으로 나뉘는 '세군다 디비시온'은 'B리그'가 사실상 3부리그에 위치하게 되지만, 두 디비전을 하나의 리그로 보는 것이 보편적인 시선이다. 왜냐하면 스페인 3부리그 '테르세라 디비시온'의 '테르세라 Tercera'가 '세 번째'라는 뜻이기 때문이다.

열어준다. 프로 경험을 통해 성인팀에 합류할 때도 별도의 적응 훈련 없이 실전 감각을 쉽게 끌어올릴 수 있다.

이런 점 때문에 스페인 FC바르셀로나의 리저브·유스 시스템에 몸담았던 백승호, 이승우는 우리나라의 여느 어린 선수보다 큰 기대를 받았다. 2016년 기준으로, 백승호는 FC바르셀로나 B팀에 소속되었고 이승우도 B팀에 데뷔전을 치른 후, 유스팀 후베닐 Juvenil*에 소속되어 있었다. 두 선수 모두 B팀에서 이렇다 할 기회를 잡지 못했지만 충분히 성장 가능성이 있는 선수로 평가받았다. 당시 그들에게 B팀에서의 활약이 무엇보다 중요했던 이유는 소속된 리그가 '프로'였다는 것을 꼽을 수 있다. 명문 클럽 중에서도 경쟁이 가장 치열하다는 FC바르셀로나의 B팀에서 주전 자리를 잡는다면 성인팀 주전을 노려볼 수 있고, 차선책으로 다른 리그의 빅클럽 주전급 선수로 인정받는 것도 큰 무리는 아니기 때문이다.** 그만큼 FC바르셀로나의 유스는 최고의 시스템을 갖추고 있다는 것을 증명해준다.

유스 시스템에서 '유망주를 발견'하는 게 첫 번째 일이라면 두 번째는 그 선수를 '어떻게 키우느냐'는 것이다. 현재 최고의 축구선수로 평가받는 리오넬 메시 Lionel Messi는 어린 나이에 성장 호르몬 장애 판정을 받았다. 치료비 문제를 포함한 힘든 환경 속에서 메시가 축구를 포기하지 않고 계속할 수 있었던 이유는 유스 시스템의 영향이 컸다. FC바르셀로나 유스팀은 치료와 관련된 금전적인 문제를 부담했고 메시가 축구에 집중할 수 있도록 도왔다.

* '후베닐'은 '젊음', '청춘'을 뜻하며 FC바르셀로나의 유스 단계에서 가장 높은 위치를 차지하고 있다.
** 2017년에 이승우는 베로나FC로, 백승호는 지로나FC로 이적했다.

그 후 메시는 유스팀 생활을 마치고 바르셀로나 B팀에서 프로 데뷔를 한 뒤, 열일곱 살이라는 어린 나이에 성인팀에 합류한다. 다시 말하자면, 클럽팀이 유망주를 발견하고 그 선수에게 최고의 성장을 할 수 있도록 도운 것이다.

메시의 예는 체계적이고 좋은 유스 시스템의 필요성을 느끼게 한다. 프로 축구선수가 되고 싶은 모든 유망주에게 좋은 환경을 만들어주는 것이 무엇보다 중요하다는 말이다. 그럼 우리나라는 어떨까? K리그에서는 하나의 클럽팀이 U-18, U-15, U-12, U-10을 운영하도록 하며 U-18, U-15는 지역의 중·고등학교로 대체하는 클럽팀이 대부분을 차지한다. 클럽 유스팀 창단 협의가 된 학교에 기존 팀이 없으면 축구부를 신설하기도 했다. 학교와 협의된 유스팀의 장점은 '전국 고등축구리그'와 별개로 유스팀들만 참여하는 'K리그 주니어 K-League Junior'에서 경쟁력을 키울 수 있으며, 어린 선수의 학업과 훈련 병행을 수월하게 돕는다는 점이다. 그러나 협의로 인해 축구부가 신설되기도 했지만 반대로 협의가 끝나면 다른 고등학교로 변경될 가능성이 존재한다.***

유스 시스템의 아쉬운 면을 포함해 아직까지 우리나라는 어린 선수들을 길러내기에 부족한 부분이 많다. 경기장의 시설, 선·후배 간의 폭력 문제 등을 해결하고, 어린 선수들에게 좋은 환경을 만들어주기 위해 많은 노력이 필요할 것으로 보인다.

*** 실제로 FC서울 U-18 팀은 'K리그 주니어'의 전신인 '고교클럽 챌린지리그 High School Club Challenge League' 우승 당시에는 동북고등학교였지만, 2015, 2016년 조별리그 준우승 당시에는 오산고등학교로 변경됐다.

리저브

Uniform Number
등번호

우리나라에서는 등번호를 영어로 백넘버Back Number 라고 표현할 때가 많다. 그러나 이 표현은 유니폼 넘버Uniform Number 나 져지 넘버Jersey Number 라고 고쳐 말하는 게 옳은 표현이다. 영어로 백넘버는 잡지 과월 호를 뜻하기도 하니 사용에 염두에 둬야 한다.

1928년 아스날과 셰필드 웬즈데이, 첼시와 스완지 시티 경기에서 처음으로 선수들이 등번호를 달고 나왔다. 하지만 이때는 공식적으로 인정받지 못했고, 1932년 잉글랜드 FA컵 결승전 에버튼과 맨체스터 시티의 대결이 공식적으로 등번호를 달고 뛴 경기로 기록된다. 국가대항전에서는 1937년 스코틀랜드와 잉글랜드의 경기에서 첫 선을 보였다. 그 후 1939년이 돼서야 잉글랜드축구협회 The FA는 모든 팀에게 등번호를 달도록 지시했다.

본래 등번호는 선수들을 구별하기 위한 목적으로, 포메이션Formation 위치에 따라 그 숫자를 부여했다. 열한 명의 선수가 한 팀인 축구는 1~11번 만을 사용했다. 1번은 골키퍼Goalkeeper, 2, 3, 4, 5번은 수비수, 6, 7, 8, 11번은 미드필더Mid-Fielder, 9, 10번은 공격수로 배정을 받았다. 조금 더 자세히 설명하자면 수비수 2, 3번은 라이트백Right Back 과 레프트백Left Back 에 위치하고 4, 5번은 센터백Center Back 혹은 수비형 미드필더. 6, 8번은 중앙 미드필더. 7, 11번은 라이트윙Right Wing 과 레프트윙Left Wing 을, 9번은 골을 많이 넣는 골게터의 역할, 10번은 팀에 에이스Ace를 상징한다. 그 외의 번호는 후보 선수들에게 차례로 배정됐다. 포메이션에 따른 등번호는 현대 축구에서 큰 의미를 가지고 있진 않지만 현재까지도 1~11번은 가장 보편적으로 선호되는 번호임에는 틀림없다.

덧붙여 축구 전술 중에 '펄스나인False 9', 즉 '가짜 9번'이라는 전술이 존재한다. 공격수가 자신의 위치보다 아래인 미드필더 지역에서 움직이는 '제로톱Zero Top' 전술을 의미한다. 다시 말해, 전형적인 골게터 역할인 9번 위치에서 골을 넣기보단 다른 선수에게 더 많은 득점 기회를 만들어주기 때문에 '가짜 9번'이라 불린다. 포메이션에 따른 등번호가 전술에도 깊이 스며든 예가 될 것이다.

보편적으로 클럽팀마다 상징하는 등번호가 존재한다. FC바르셀로나의 역대 10번 선수들을 살펴보면 디에고 마라도나Diego Maradona, 호마리우Romario, 히바우두Rivaldo, 호나우지뉴Ronaldinho, 리오넬 메시로 이어지는 계보가 있다. 맨체스터 유나이티드의 7번은 조지 베스트George Best, 브라이언 롭슨Bryan Robson, 에릭 칸토나Eric Cantona, 데이비드 베컴David Beckham, 크리스티아누 호날두Cristiano Ronaldo로 계보가 이어지다가 현재는 끊긴 상태다. 호날두 이후 7번을 단 선수는 마이클 오언Michael Owen, 안토니오 발렌시아Antonio Valencia, 앙헬 디 마리아Angel Di Maria, 멤피스 데파이Memphis Depay 네 명의 선수가 존재했지만 이전에 명성을 이어가기에는 턱없이 부족하다는 평가를 받았다. 이와 반대로 선수가 팀의 상징이 된 경우가 있다. 아스날의 티에리 앙리Thierry Henry는 14번을 달고 활약한 덕분에 비교적 젊은 나이임에도, 아스날 홈 경기장인 에미레이츠 스타디움Emirates Stadium에 동상이 세워지는 영광을 누렸다.

클럽팀에서 한 선수가 위대한 업적을 남기면 등번호를 '영구 결번'하는 사례를 심심찮게 볼 수 있다. 14번을 달고 뛴 요한 크루이프 Johan Cruyff 는 아약스를 세 번이나 챔피언스리그 우승시킨 업적으로 영구 결번 처리됐다. 그 외에도 나폴리의 10번 마라도나, 인터밀란의 4번 하비에르 자네티 Javier Zanetti, AC밀란의 3번 파울로 말디니 Paolo Maldini 등이 있다. 또한 위대한 업적은 남기지 못했으나, 갑작스럽게 세상을 떠난 선수들을 기억하기 위해 영구 결번을 시행하기도 한다. 경기장에서 심장마비를 일으키고 세상을 떠난 카메룬의 비비안 푀 Vivien Foe 가 대표적이다. 그가 몸담았던 클럽팀 맨체스터 시티와 올림피크 리옹, RC랑스는 각각 23번과 17번을 영구 결번 처리했던 기록이 있다.

K리그의 최초의 영구 결번은 부산 아이파크의 전신인 대우 로얄즈에서 16번을 달고 뛰었던 김주성으로 기록된다. 훗날, 송종국은 부산 아이파크에서 특출난 업적을 남기진 않았지만 2002년 '4강 신화'의 멤버 Member 로, 또 '해외 진출 성공'으로 인해 24번이 영구 결번 처리된다. 현역으로 뛰던 선수를 영구 결번을 했다는 것과 팀에 공헌도가 낮음에도 영구 결번을 감행했다는 비난을 받았다. 이는 송종국이 해외 생활을 마치고 K리그 복귀를 부산 아이파크가 아닌, 수원 삼성을 선택하면서 당시 영구 결번은 섣부른 판단이었음이 증명됐다. 결국 부산 아이파크는 영구 결번을 취소한다. 이 사례는 영구 결번의 신중함이 필요하다는 것을 일깨워주는 좋은 본보기가 됐다. '열두 번째 선수'라는 의미인 서포터스를 위해 12번을 영구 결번을 하는 팀들도 생겨났다. K리그에서는 부천SK, 현 부천FC-1995가 처음으로 시행했고, 많은 팀들이 이에 동참했다. K리그만큼 높은

비율은 아니지만 유럽에서도 12번을 서포터스를 위해 영구 결번 한 사례를 찾아볼 수 있다. 잉글랜드의 포츠머스와 이탈리아의 라치오가 대표적이다.

요즘 등번호는 선수들의 아이덴티티를 표현하는 수단으로 사용된다. 이적을 해서 자신이 선호하던 번호가 다른 선수와 겹치는 경우에 독특한 숫자를 선택하기도 한다. FC바르셀로나에서 10번을 달던 호나우지뉴는 AC밀란으로 이적한 후, 자신이 태어난 연도인 숫자 80번을 등번호로 선택한다. 베컴도 맨체스터 유나이티드에서 레알 마드리드로 이적하며 7번을 달 수 없게 되자 농구계 전설 마이클 조던 Michael Jordan 의 23번을 선택한다. 팀에서 입지가 좁아져 선호하던 번호를 못쓰는 경우에는 각각의 두 자릿수를 더해 원하는 숫자를 표현하기도 한다. 인터밀란에 호나우두 Ronaldo 가 입단하자 9번을 뺏기게 된 이반 사모라노 Ivan Zamorano 는 18번을 선택했고, 1과 8사이에 더하기 기호를 만들어 넣어 경기에 임했다. K리그에서도 이와 같은 의미로 10번을 달던 박주영은 91번을 달고 뛰기도 했다.

대부분 클럽팀에서는 1~99번까지 숫자를 선택할 수 있으나 국가대항전인 월드컵에서는 최종 엔트리 Entry 23인 기준으로 1~23번까지 선택이 가능하다. 같은 맥락으로, 20번을 선호하던 홍명보는 2000년 시드니 Sydney 올림픽에 참가하게 되어 최종 엔트리 열여덟 명 기준 1~18번 중에서 선택해야 했으므로, 그에겐 다소 생소한 14번을 달고 뛴 경험이 있다. 독특한 사례로, 2000년 스코틀랜드 에버딘에서 뛰던 히참 제루알리 Hicham Zerouali 는 자신의 별명인 '제로 Zero'에서 영감을 받아 숫자 0번을 달고 뛰었다. 이듬해 스코틀랜드와 잉글랜드는 0번 사용을 제한했다.

K리그에서는 김병지가 500경기 출전을 기념해서 500번이 새겨진 등번호를 등록하려고 했지만 실패한 사례가 있다. 그는 시즌 최종전 전북과의 500경기 출장에서 특별히 등번호 500번이 새겨진 유니폼을 입을 수 있었다.

월드컵에서 처음으로 등번호를 사용한 대회는 1954년 스위스 월드컵부터다. 40년이 지난 1994년 미국 월드컵을 기점으로 등번호에 선수 이름이 추가되기 시작했다. 잉글랜드 프리미어리그는 1993년부터 선수 이름을 추가했다. 국제 대회에서 선수의 이름은 영어로 표기되고 있지만 각 국가의 리그에서는 꼭 알파벳을 사용할 필요는 없다. K리그에서 이름은 한글로 표기하는 경우가 대부분이다.* 2015년부터 K리그 챌린지에 참여하게 된 서울 이랜드는 유일하게 선수 이름을 영문으로 표기하고 있지만 그 외에 다른 팀은 모두 한글 표기로 하고 있다. 하지만 클럽팀이라고 꼭 국내 경기만 하는 것은 아니다. 아시아 챔피언스리그는 국제 대회이므로, 한국 클럽팀의 선수들은 영문으로 된 이름을 표기하고 경기에 나선다.

숫자만 표기하던 옛 시절은 폰트Font 디자인이 굉장히 한정적이었다. 선수를 구별하기 위한 목적이 더 컸고 실용적인 면에서도 다양한 디자인을 내놔야 할 이유가 딱히 없었다. 1994년부터 이름과 숫자를 같이 표기하면서 폰트 디자인 종류는 어마어마하게 늘어났고, 유니폼의 가치도 선수 인지도에 따라 달라졌다. 선수를 구별하는 목적을 넘어 선수를 상징하는 것에 초점이 맞춰졌다고 할 수 있겠다. 현재는 각 국가대표팀, 각 클럽팀마다 최대한 겹치지 않는

---

* 일본 J리그는 일본어가 있음에도 영문 표기법을 고수하고 있다.

자신들만의 고유한 폰트 디자인을 선호한다. 이런 시대 반영을 한 것은 2014년 잉글랜드가 대표적이다. 당시 브라질 월드컵에서 뛸 유니폼 폰트를 그래픽 디자이너 네빌 브로디 Neville Brody가 디자인했다.

    네빌 브로디의 경우가 '다른 팀들과 겹치지 않는 고유한 폰트'를 갖기 위해서라면 반대로 잉글랜드 프리미어리그는 '모든 팀에게 동일한 폰트'를 제공하며 '디자인 통일성'이라는 가치에 중심을 뒀다. 어느 곳에 가치를 두느냐에 따라 팀의 정체성을 표현하는 폰트가 더 좋을 수도, 리그의 통일성을 추구하는 폰트가 좋을 수도 있다. 어떤 디자인이 더 좋다고 쉽게 판단 내릴 수는 없지만 분명한 것은 유니폼 디자인에서 폰트가 차지하는 비중이 얼마나 높아졌는지 깨닫게 해준다.

Hat-Trick
해트트릭

경기에서 한 선수가 3득점을 넣으면 해트트릭이라고 한다. 크리켓 Cricket 경기에서 타자 세 명을 연속으로 아웃 Out 시킨 투수에게 '모자 Hat'를 선물하는 데에서 유래된 용어이며, 아이스하키 Ice Hockey 에서도 해트트릭이란 용어를 사용하고 있다. 3득점 이상 넣을 경우에는 오버 Over 해트트릭(4~5득점), 더블 해트트릭(6득점), 오버 더블 해트트릭(7~8득점), 트리플 Triple 해트트릭(9득점)으로 불리나 익숙한 표현은 아니다.

한 경기 최다 득점 기록은 2002년 한·일 월드컵 오세아니아 지역예선에서 호주와 아메리칸 사모아의 경기에서 나왔다. 31:0이라는 축구 역사상 가장 큰 점수 차이로, 호주의 아치 톰슨 Archie Thompson 이 13득점을 올렸고 같은 날 데이비드 츠릴릭 David Zdrilic 은 8득점을 올렸다. 이전 기록이 1994년 아시안게임 네팔과 경기에서 8득점한 황선홍의 기록이었다는 것을 참고했을 때, 호주와 아메리칸 사모아 간의 전력 차는 상상 이상으로 컸다는 것을 알 수 있다.

아치 톰슨은 한 경기 13득점을 넣어 기네스북 Guinness Book 에 올랐다면, 바이에른 뮌헨의 로베르트 레반도프스키 Robert Lewandowski 는 9분 만에 5득점을 넣으면서 '네 개 부문 기네스북'에 올랐다. 내용은 다음과 같다. 가장 빠른 시간에 해트트릭, 가장 빠른 4득점과 5득점, 교체 투입 후 최다 득점 기록이다. 2015-16시즌 독일 분데스리가 6라운드 볼프스부르크와 경기에서 후반전 시작과 함께 교체되어 이 기록을 세웠다. 아치 톰슨과 황선홍의 최다 득점 기록보다 레반도프스키의 기록이 더 높게 평가받는 이유는 실력차가 동등하다고 볼 수 있는 리그 클럽팀 간의 경기에서 기록이 세워졌다는 점이다. 이렇듯 기록을 세우는 데에 있어서 그 대회 배경이 어떻게 되는지 알아볼 필요가 있다.

그렇다면 축구대회에서 가장 큰 권위를 자랑하는 월드컵의 해트트릭 기록부터 살펴볼 필요가 있겠다. '월드컵 최초의 해트트릭'은 1회 대회인 1930년 우루과이 월드컵에서 기록됐다. 미국의 베르트 파테노드 Bert Patenaude 가 그 주인공이다. 2006년이 지나서야 그를 월드컵 첫 해트트릭 기록자로 인정했는데, 그 이유는 그가 득점했던 3득점 중 1득점이 상대팀 수비수의 자책골로 기록되어 왔기 때문이다. 이런 연유로 2006년 전에는 아르헨티나의 기예르모 스타빌레 Guillermo Stábile 가 기록한 3득점이 '월드컵 최초의 해트트릭'으로 기록되어 왔다.* '월드컵 결승전 해트트릭'은 1966년 월드컵 잉글랜드와 서독의 결승에서 나왔다. 잉글랜드의 제프 허스트 Geoff Hurst 는 연장까지 가는 혈투 끝에 3득점을 넣어 4:2 승리를 견인하며, 자국에서 열린 월드컵을 첫 우승으로 이끈다. 전반전에 선제골을 넣은 허스트는 2:2로 연장전에 돌입하자 6분 만에 자신의 두 번째 이자 3:2로 앞서가는 골을 성공시키는데, 이 득점은 월드컵 역사에 남을 오심으로 기록된다. 페널티에어리어 Penalty Area 안에서 때린 슈팅 Shooting 은 서독의 상단 골포스트 Goalpost 를 맞고 골라인 Goal Line 에 떨어졌으나 득점으로 인정됐기 때문이다.

* 해트트릭 기록은 베르트 파테노드에게 넘어갔지만 1930년 우루과이 월드컵의 득점왕은 8득점을 올린 기예르모 스타빌레의 기록으로 남아있다.

그는 추가골을 성공시키며 월드컵 첫 결승전 해트트릭을 달성했지만 오심이 없었다면 불가능한 일이었다. 특히나 이 기록은 1966년 전후로 유일한 기록이기도 하다. 허스트가 당시 입었던 10번 유니폼은 2016년에 경매로 나왔지만 엄청난 가격 덕분에 유찰되고 말았다.

'월드컵 2회 해트트릭' 보유자는 브라질의 펠레Pele, 헝가리의 코치시 샨도르Kocsis Sándor, 프랑스의 쥐스트 퐁텐Justo Fontaine, 아르헨티나의 가브리엘 바티스투타Gabriel Batistuta가 유일하다. 펠레는 1958년 스웨덴 월드컵 4강에서 프랑스를 상대로 '월드컵 최연소 해트트릭'이라는 타이틀을 얻었다. 그는 축구 인생에서 92회 해트트릭 기록이라는 또 하나의 대단한 업적을 가지고 있다. 바티스투타는 현대 축구에서 달성하기 힘든 1994, 1998년 대회 연속으로 해트트릭을 달성했다.

1982년 유럽 축구선수권대회인 유로 본선에서는 벨기에, 유고슬라비아와의 두 경기 연속 해트트릭을 기록한 미셸 플라티니Michel Platini가 왼발, 오른발, 헤더Header로 득점을 올리며 '퍼펙트 해트트릭Perfect Hat-Trick'을 달성했다. 이 단어는 플라티니가 해트트릭을 달성하며 생긴 용어로, 그전에는 '퍼펙트 해트트릭'이라는 용어가 존재하지 않았다. 그는 대회 두 번에 해트트릭 득점 중 벨기에와 경기에서 얻은 한 개의 페널티킥Penalty Kick이 유일했다. 게다가 미드필더인 플라티니는 당시 모든 경기에서 득점을 올려 득점왕과 함께 프랑스의 우승을 이끌었다. 총 9득점을 넣은 플라티니의 기록은 대회 최다 득점으로 현재까지 깨지지 않고 있다. 그 외 유럽 선수인 호날두, 가레스 베일Gareth Bale, 세르히오 아구에로Sergio Agüero 등 퍼펙트 해트트릭을 기록했지만, 딱히 '해트트릭'과 '퍼펙트 해트트릭'을 엄격하게 구분하지 않는 편이라 더 많은 선수들이

이 기록을 달성했을 것으로 보인다. 챔피언스리그에서는 메시가 2016년까지 개인 통산 일곱 번의 해트트릭을 기록하며 역대 최다로 앞서가고 있다.

클럽대항전인 챔피언스리그와 국가대항전인 월드컵이나 유로를 직접적으로 비교하기에는 무리가 있다. 대회가 열리는 횟수나 경기 수가 현저하게 다르다는 점을 염두에 둬야 할 것이다. 그러나 클럽팀 최고의 권위를 가진 대회라는 점과, 메시는 이 기록에 대해 역사를 더 만들어 갈 수 있다는 것이 상당히 고무적이다.

이제 '독특한 해트트릭' 보유자에 대해 알아보자. 아르헨티나의 곤살로 이과인 Gonzalo Higuaín 은 대표팀과 클럽팀 경기를 포함한 '세 경기 연속 해트트릭'을 달성한다. 그가 소속된 스페인 프리메라리가에서 '세 경기 연속 해트트릭'은 1934-35시즌에 달성한 이시드로 랑가라 Isidro Lángara 의 기록인데, 이과인은 아쉽게 이 기록과 동률을 이루지는 못했다. 랑가라의 기록은 현재까지도 깨지지 않고 있다.

'프리킥 Free Kick 의 마술사'하면 대중적으로 베컴과 주니뉴 페르남부카누 Juninho Pernambucano 를 떠올린다. 한 예로 2002년 월드컵 유럽 지역예선 잉글랜드와 그리스의 경기 종료 직전, 베컴은 2:1 상황에서 동점 프리킥을 넣고 잉글랜드를 월드컵 본선 진출시키며 '프리킥의 마술사'라는 수식어를 굳혔다. 쟁쟁한 선수들 중에서 시니사 미하일로비치 Sinisa Mihajlovic 는 유명 선수들과 어깨를 나란히 할 만하다. 1998-99시즌 이탈리아 '세리에A Serie A' 라치오 소속이었던 미하일로비치는 삼프도리아와 경기에서 전무후무한 '프리킥 해트트릭'을 달성했으니 말이다. 그외에도 프리킥하면 '골 넣는 골키퍼' 호세 루이스 칠라베르트 José Luis Chilavert 를 빼놓으면 섭섭하다.

프리킥과 페널티킥이 있으면 직접 상대팀 진영까지 올라와 득점을 올리곤 했던 칠라베르트는 '아르헨티나 프리메라 디비시온 Primera División de Argentina'에서 세 개의 페널티킥을 넣으며 골키퍼로선 최초로 해트트릭을 달성했다. 물론 페널티킥 득점이라는 것이 아쉽지만, 그가 평소에도 프리킥 골도 넣었다는 점을 떠올리면 충분히 받을 수 있는 보상이란 생각이 든다.

이런 업적들은 경기장에 있는 축구팬이 증명해준다. 레알 마드리드의 호나우두는 2002-03시즌 챔피언스리그 8강 맨체스터 유나이티드와 원정 2차전에서 혼자서 3득점을 넣으며 해트트릭을 기록*하고 상대팀 팬들로부터 기립 박수를 받았다. 당시 맨체스터 유나이티드는 1차전을 3:1로 패배, 2차전에서 4:3으로 승리했지만 통합 4:4로 '원정다득점'에서 큰 차이를 보여 일찌감치 패색이 짙은 건 사실이었다. 그러나 맨체스터 유나이티드의 홈 경기장인 올드 트래포드 Old Trafford에서 40년 만에 상대팀 선수의 해트트릭을 목격한 관중들은 그에 어울리는 대우를 해줬다고 할 수 있다.

* 이 날 경기에서 호나우두의 세 개의 슈팅은 모두 유효슈팅이었고 득점으로 이어졌다.

Golden Goal · Silver Goal · Away Goal Rule
골든골 · 실버골 · 원정다득점

연장전에서 승부를 가리기 위한 방법으로 '골든골'이라는 제도가 있었다. 골든골은 연장 전·후반 30분의 시간에 구애받지 않고 어느 한 팀이 먼저 골을 넣으면 그대로 경기가 종료된다. 이는 선수들의 체력을 보호하고 관중에게 짜릿한 긴장감을 주기 위해 제정된 것이다. 한 팀에게는 엄청난 행운을, 다른 한 팀에겐 잔인한 패배를 안겨주기에 초반 명칭은 '갑작스러운 죽음'을 뜻하는 '서든데스골 Sudden Death Goal'이었다. 그러나 뜻이 너무 잔인하기에 '골든골'이라는 좀 더 그럴듯한 이름이 붙게 된다.

골든골이 처음으로 적용된 대회는 1993년 호주에서 열린 FIFA U-20 월드컵부터다. 성인 국제 대회에서는 1996년 유로, 1998년 프랑스 월드컵과 2002 한·일 월드컵에서 도입됐다. 지금은 없어진 이 제도가 우리에게 친숙한 이유는 2002년 한·일 월드컵 16강 이탈리아와 연장전 대결에서 안정환이 극적인 골든골을 넣으며 8강에 진출했기 때문이다. 당시 미디어에서는 골든골 제도에 대한 이야기가 많았다. 실제로 우리나라는 16강과 8강 토너먼트 두 경기를 연장전까지 가는 접전을 펼쳤기에 골든골이라는 말이 보다 많이 언급된 것이 사실이다.

우리에게 골든골 하면 떠오르는 대표적인 선수가 안정환이라면, 유럽에서 골든골로 가장 크게 주목받은 선수는 프랑스의 다비드 트레제게 David Trezeguet다. 그는

2000년 유로, 이탈리아와 치른 결승 연장전에서 골든골을 성공시키며 자국의 월드컵과 유로를 연속 우승하는 데에 크게 기여한다. 국제축구연맹 FIFA는 2004년에 골든골 제도가 폐지되면서 '추억의 세계 8대 골든골'을 선정했는데, 앞서 말한 두 선수 이름이 모두 올랐다. '추억의 세계 8대 골든골'의 목록은 다음과 같다.

추억의 세계 8대 골든골

올리버 비어호프	1996년 유로 결승전, 독일 VS 체코
로랑 블랑	1998년 월드컵 16강, 프랑스 VS 파라과이
지네딘 지단	2000년 유로 4강, 프랑스 VS 포르투갈
다비드 트레제게	2000년 유로 결승전, 프랑스 VS 이탈리아
앙리 카마라	2002년 월드컵 16강, 세네갈 VS 스웨덴
안정환	2002년 월드컵 16강, 대한민국 VS 이탈리아
일한 만시즈	2002년 월드컵 8강, 터키 VS 세네갈
티에리 앙리	2003년 컨페더레이션스컵 결승전, 프랑스 VS 카메룬

골든골은 여러 대회를 거치며 실행됐지만 많은 불만을 속출하게 된다. 힘들게 연장까지 올라간 팀에게 1실점만으로 더 이상 기회가 주워지지 않는다는 점과 경기를 뛰는 선수들을 포함한 코칭스태프Coaching Staff, 심판에게도 감당할 수 없는 심리적인 압박감을 준다는 점이 큰 문제로 대두됐다. 나아가 이긴 팀 관중에겐 더 큰 짜릿함과 감동을 주지만 패배한 팀 관중에겐 더 큰 분노로 인한 난동의 문제를 포함해, 선수의 안전까지도 위협할 수도 있다는 것을 배제할 수 없었다. 이에 유럽축구연맹은 2003년 UEFA컵―유로파리그 전신― 결승에서 '실버골'을 도입한다.

실버골은 연장 전반에 어느 한 팀이 골을 넣는다 해도 그대로 경기가 끝나는 것이 아니라 연장 전반 15분이 모두 소진될 때까지 경기가 진행된다. 상대팀의 동점골이 없다면 후반전은 치러지지 않고, 상대팀이 동점골을 넣는다면 남은 연장 후반 15분 동안 두 팀은 추가 득점을 넣어 승부를 가려야 한다. 이마저도 승부가 나지 않는다면 골든골과 마찬가지로 승부차기에 돌입한다.

실버골로 변경된 내용을 살펴보면 골든골에서 오는 부담감을 줄여주기 위해 만들어진 제도란 걸 알 수 있다. 이 실버골 제도는 연장 전반 15분에만 적용된다. 연장 후반까지 진행된다면 선수들은 결국 연장 전·후반 30분 전부를 뛰게 되고 실버골의 의미가 사라지기 때문이다. 이러한 문제점 때문이었을까? 2003년에 적용된 실버골 제도는 2004년 유로에 적용을 끝으로 골든골 제도와 함께 역사 속으로 사라졌고 전통적인 방식—득점에 관계없이 연장 전·후반 15분을 모두 치르는 방식—으로 되돌아간다.

연장전에 여러 방식의 제도가 적용된 사례를 보면 선수, 감독, 코칭스태프를 포함해 지켜보는 팬들에게도 엄청난 부담을 준다는 것은 명백하다. 이런한 '연장전을 최대한 안 치르며' 정규시간 경기의 질을 높일 수 있는 하나의 방안으로 '원정다득점'이 있다. 원정다득점은 1, 2차전 득점 합산이 두 팀이 같더라도 원정에서 골을 더 많이 넣는 팀이 승리하는 구조다. 따라서 연장전에 가는 확률이 그만큼 줄어들고, 소극적인 경기 운영을 하는 원정팀은 공격적인 축구를 지향하며 홈팀과 박진감 넘치는 승부를 펼치게 된다. 그러나 원정다득점은 1, 2차전을 모두 치러야 가능하기 때문에 월드컵이나 대륙별 축구선수권대회인 유로,

아시안컵 등 국가대항전에서는 볼 수가 없다. 그나마 월드컵 지역예선 플레이오프는 1, 2차전으로 치러지기 때문에 이 룰 Rule 을 적용하기도 한다. 덧붙여 원정다득점 룰에도 종류가 나눠짐으로 '연장전을 최대한 안 치르게' 한다는 말은 모순에 가까운 경우도 있으니 이를 염두에 둘 필요가 있다. 그럼 이제 원정다득점 방식 세 가지 규정을 소개한다.

① 정규시간(전반 45분, 후반 45분)에만 적용
1, 2차전을 포함한 정규시간 종료 후, 양 팀 득점이 같으면 원정에서 득점이 많은 팀이 승리한다. 그럼에도 불구하고 원정 득점마저 같다면 연장전에 돌입하게 된다. 연장전에서는 원정다득점 룰이 삭제된 0:0 상황과 다름없으며, 연장전에서 득점을 해도 원정다득점 룰이 적용되지 않는다. 이 룰은 아시아 챔피언스리그와 북중미카리브 챔피언스리그에서 사용하는 방식이다.

이와 비슷하나 약간 변형된 형태는 정규시간에만 원정다득점 룰을 적용한 후 연장전 없이 바로 승부차기로 넘어가는 경우가 있다. 코파 리베르타도레스—남미의 챔피언스리그—, 코파 수다메리카나—남미의 유로파리그— 등이 대표적이다.

② 연장전(전반 15분, 후반 15분)에만 적용
1, 2차전 정규시간 종료 시점에서 원정다득점과 상관없이, 골득실만 동일하다면 무조건 연장전에 돌입하는 경우다. 정규시간 동안, 하나의 팀이 원정골의 비율이 더 높다고 승리를 가져가지 않는다. 그러나 연장전 돌입과 함께 '1, 2차전 원정다득점을 포함'해서 승부를 가리게 된다.

이 사례는 잉글랜드 리그컵 준결승*에서 사용된다. 쉽게 말해 1, 2차전 정규시간에 원정 득점이 많은 팀이 연장전의 갈 경우, 연장전 0:0 상황만 유지해도 결승 진출이 가능하다. 이는 연장전에서 원정 득점이 많은 팀은 수비 전술로, 원정 득점이 적은 팀은 공격 전술로 대응하는 경우를 볼 수 있다.

③ 정규시간 및 연장전 모두 적용
1, 2차전 정규시간에도 원정다득점 룰을 적용하고, 연장전에서도 골득실이 동일하면 원정다득점을 따져 승리팀을 정한다. 간략하게 말하자면 ①, ②번 규정을 결합한 형태다.

정규시간에 이어 연장전에서도 원정다득점 룰이 적용되기 때문에, 연장전에서 1:1이나 2:2를 기록할 경우, 점수는 동률이더라도 원정다득점 룰에 의해 원정팀이 승리하게 된다. 이 룰은 유럽 챔피언스리그, 유로파리그, 월드컵 지역예선 플레이오프에 적용된다.

축구에 흥미를 가지고 있는 사람이라고 해도 원정다득점 룰은 대회마다 다르기 때문에 헷갈리는 경우가 많다. 그래서인지 원정다득점이 포함된 경기를 중계해주는 방송사도 스코어보드 Scoreboard 표기에 헷갈려 하는 경우를 볼 수 있다. 2016년 FC서울과 수원 삼성의 FA컵 결승은 ①번 규정으로 원정다득점 원칙이 적용됐다. 1차전에서는

---

* 잉글랜드 리그컵에서 1, 2차전을 치르는 라운드는 준결승전이 유일하다. 결승전은 단판 승부, 그 외 라운드는 비기면 재경기를 갖는다.

골든골 · 실버골 · 원정다득점

홈팀인 수원 삼성이 2:1로 승리, 2차전에서는 FC서울이 홈에서 2:1로 승리하면서 원정다득점 동률을 이루며 연장전으로 이어졌다. 2차전 2:1 상황에서 연장전으로 넘어간 중계에서는 정규시간의 득점이 사라지고 스코어보드에는 0:0이 표기됐다. 이와 같은 ①번 규정의 아시아 챔피언스리그에서는 어땠을까? 같은 해 열린 아시아 챔피언스리그 16강전 FC서울과 우라와 레즈도 1, 2차전에서 원정다득점 동률로 연장전에 돌입했다. 그러나 FA컵과 반대로, 2차전 정규시간 점수인 1:0이 스코어보드에 그대로 새겨진 채 연장전을 진행했다.

    이 경우만 보더라도 원정다득점이 간단한 룰이 아님을 보여주는 사례다. 두 사례는 모두 장단점이 있다. FA컵 결승의 연장전 사례는 그전의 득점을 삭제함으로써 원정다득점 룰을 모르는 시청자에게 간단하게 설명할 수 있다. 예를 들면 "1, 2차전 득점이 동률이라 0:0으로 시작한다"고 일러두면 원정다득점의 복잡한 설명이 없이—원정득점에 대한 세세한 점수를 알려주지 않고도— 경기에 충분히 집중할 수 있다. 반대로 아시아 챔피언스리그 연장전 사례는 2차전 정규시간에 득점이 사라지지 않아 의아함이 생기지 않는 듯 보인다. 하지만 이 경우, 연장전 종료 후의 최종 스코어보드가 3:2로 FC서울이 이긴 것으로 보이지만 원정다득점에 의해 승부차기로 이어진다. 결국 원정다득점의 룰을 모르는 시청자들에겐 의문점을 남기게 된다. 이를 보안하기 위해 1, 2차전 모든 점수를 통합한 후, 연장전을 시작할 수도 있을 것이다. 그러나 이조차도 존재하지 않던 점수가 생겨난다는 점에서 시청자에게 의아함을 줄 수 있다.

여기서 명확해야 할 것은 표기에 통일성이 있어야 한다는 점일 것이다. 우리나라 축구팬이 보편적으로 원정다득점 룰을 알게 된 것이 유럽 축구 인기가 높아진 2005년부터라고 감안해도, 그리 긴 시간은 아니다. 또한 유럽과 국내 축구의 원정다득점 룰이 다르다는 것도 무시할 수 없는 문제다. 국내 축구팬들에겐 익숙하지 않을 이 원정다득점 룰에, 표기의 통일성이라도 확립된다면 누구라도 쉽게 이해할 수 있는 발판은 마련되지 않을까.

　유럽의 경우 연장전에도 스코어보드 밑에 '통합 점수'를 항상 표기한다. 유럽은 연장전에서도 원정다득점 룰이 적용되는 ③번 규정의 사례로 우리나라와 상황은 다르지만, 그럼에도 참고할 만하다. 우리나라도 어느 한 가지 표기로 통일한다면 그게 정석이 될 것이며, 통일된 스코어보드를 보며 더 정확하게 이해할 축구팬들이 늘어날 것으로 기대해 볼 수 있다.

A Match · FIFA Century Club
A매치 · FIFA 센추리클럽

'A매치'란 정식 성인 국가대표팀 간의 경기를 말한다. 여기서 정식이란 축구협회를 지칭하게 된다. 경기를 하는 두 국가 중 하나의 축구협회라도 국제축구연맹 FIFA에 가입되어 있지 않다면 공식적인 A매치 경기로 성립되지 않기 때문이다. 대표적인 사례는 FIFA와 유럽축구연맹 UEFA에 등록되지 않은 스페인 지방의 '카탈루냐 대표팀'이 있다.

이와 더불어 A매치는 성인 국가대표팀 기준이므로, 연령대의 대표팀인 올림픽 대표를 포함한 U-23, U-20 대표팀의 경기는 A매치로 포함되지 않는다. 그러므로 FIFA의 두 회원국이 연령 제한 없이 성인 국가대표팀을 출전시킨 '친선경기' 또는 '평가전'을 포함해, FIFA가 주관하는 '월드컵 본선과 예선', 대륙별 축구선수권대회인 '유로', '아시안컵' 등이 A매치에 해당하게 된다.

교체 출전 선수는 최대 여섯 명이 가능하다. 국제 대회인 월드컵, 아시안컵 등이 최대 세 명의 교체 선수가 허용되는 것을 보면, 친선경기에서는 그 규제가 널찍하다는 것을 알 수 있다. U-23 올림픽 대표팀의 친선경기를 보면 교체 선수를 일곱 명에서 열한 명까지 대거 기용하는 것을 볼 수 있는데, 올림픽 대표팀의 친선경기는 A매치로 포함이 안되기에 가능한 일이다. 물론 '국제 대회'인 올림픽 본선 무대에서는 교체 명단과 교체 출전할 선수의 수는 한정돼 있다. 이외에도 A매치가 되기 위한 조건이 또 있다. 경기장의 크기는 터치라인Touch Line 105미터, 골라인은 68미터에 한정되야 하며 친선경기 수입의 2퍼센트를 FIFA에 납부해야 한다. 마지막으로 두 축구협회의 팀이 A매치를 주관할 땐 반드시 FIFA에 보고를 해야 한다.

두 축구협회의 팀이 A매치를 직접 주관할 수 있지만, FIFA에서는 1년에 대략 열 경기 정도를 A매치 날짜로 지정해준다. 이를 'A매치데이 International A Match Day'라 부른다. 2003년부터 시행된 이 제도는 각 나라의 리그 일정과 겹치지 않게 A매치 일정을 잡아 클럽팀의 선수 차출을 수월하게 해결해줄 뿐만 아니라 각 국가대표팀에게 최고 전력을 만들 수 있는 기회를 제공해 준다.

대회를 제외한 친선경기 A매치는 지더라도 '평가전'의 의미를 가질 때가 많다. "졌지만 잘 싸웠다", "졌지만 경기력은 좋았다"는 말은 팀의 전력을 평가해 볼 수 있는 친선경기에서 나온 말이다. 그러나 모든 A매치는 FIFA 랭킹 점수에 포함되므로 '져도 되는' 시합은 아니다. FIFA 랭킹의 순위를 살펴보면 실제 전력과 순위가 다른 경우가 빈번하기 때문에 랭킹에 대한 비판적 시선이 있는 것은 사실이나, 랭킹은 월드컵 '시드 배정Seeding*'에 영향을 미친다. 우리나라는 2018년 러시아 월드컵 아시아 최종예선에서 FIFA 랭킹 아시아 순위, 이란과 호주에 이어 3위를 기록해 '톱시드Top Seed'—1번 시드— 배정에 실패하며 2번 시드에 위치하게 됐다. 아시아 최종예선에서 월드컵 본선 진출을 하는데 시드 배정이 큰 영향을 준 것은 아니지만

* 시드 배정은 강팀끼리 같은 조에 소속되지 않도록 한다. 또한 월드컵 본선에서는 같은 대륙끼리 한 조에 몰리지 않도록 해준다.

경기 일정이 톱시드에 유리해지는 경우도 있기 때문에 유의해야 한다. 이전 대회인 2014년 브라질 월드컵 아시아 최종예선에서 톱시드를 배정받은 우리나라는 마지막 두 경기를 홈에서 치르는 이익을 봤다. 다행히도 2번 시드를 받은 2018년 아시아 최종예선에서는 한 조에 여섯 팀이 참가하면서, 모든 경기가 홈 앤드 어웨이로 바뀜에 따라 사실상 큰 손해가 생기지는 않았다. 그럼에도 톱시드는 마지막 경기를 홈에서, 2번 시드는 마지막 경기를 원정에서 보낸다는 약간의 아쉬움이 있다. 이러한 시드 배정은 월드컵 예선뿐만 아니라 본선에서도 적용되어 왔다. 2010년 이전에는 지난 월드컵 대회 성적과 3년간의 FIFA 랭킹을 포함했지만, 2010년부터 지난 대회 합산 과정을 과감히 없애고 온전히 FIFA 랭킹에 의존해 상위팀에게 톱시드 배정을 해주는 것으로 변경됐다.

A매치를 치른 국가들은 FIFA 랭킹으로 순위 경쟁을 펼친다면, A매치를 100경기 이상 출전한 선수에겐 'FIFA 센추리클럽'에 등록되는 영광이 주어진다. 선수에게 A매치 출전은 한 나라를 대표하는 선수가 됐다는 뜻이고, 이는 가치로 따질 수 없는 영광이다. 특히 우리나라에서는 국가대표가 된다는 말을 "가슴에 태극마크를 달았다"는 말로 그 무게감을 설명할 때가 종종 있다.

A매치가 클럽팀에 비해 경기 수가 현저하게 적다는 것을 상기할 때, A매치 100경기 출전은 실로 어마어마한 숫자다. 우리나라에 센추리클럽에 등록된 대표적인 선수인 홍명보는 1990년 이탈리아 월드컵부터 2002년 한·일 월드컵까지, 4년에 한 번 열리는 월드컵에 연속으로 네 번이나 참가한 선수로 기록된다. 우리나라 골키퍼로는

최초로 센추리클럽에 등록된 이운재도 월드컵 연속 출전은 아니지만 총 4회 출전을 기록했다. 그 외에도 황선홍, 이영표, 박지성이 총 세 번의 월드컵을 출전하며 센추리클럽에 등록되는 영광을 누렸다. 4년에 한 번 열리는 월드컵에 출전을 많이 할수록 센추리클럽에 등록될 가능성이 높아지는 것은 당연하다. 월드컵에 출전한다는 것은 최고의 기량을 유지하고 있음을 나타내고, 월드컵 예선과 아시안컵을 비롯한 A매치에서 주전으로 자리매김을 했다는 증거이기 때문이다. 우리나라 센추리클럽에 등록된 선수는 다음과 같다.

국가대표팀 센추리클럽 등록 현황

남자 부문			
	1	차범근	136경기
	2	홍명보	136경기
	3	이운재	133경기
	4	이영표	127경기
	5	유상철	124경기
	6	김호곤*	120경기
	7	조영증*	109경기
	8	김태영	105경기
	9	이동국	105경기
	10	박성화	103경기
	11	황선홍	103경기
	12	허정무*	101경기
	13	박지성	100경기
여자 부문	1	권하늘	103경기
	2	김정미	100경기

*FIFA의 승인을 받게되면 공식적인 센추리클럽에 가입되는 선수.

참고. 기록은 FIFA와 KFA에 따라 내용이 다를 수 있다. 또한 현역으로 뛰는 선수의 경기 수는 언제든지 추가될 수 있다.

우리나라에 기존 센추리클럽 명단은 아홉 명으로 알려졌으나 김호곤, 조영증, 박성화, 허정무의 추가 출전 정보가 확보되며 총 열세 명으로 늘어날 전망이다. 물론 새롭게 찾은 정보가 A매치 기준에 인정받는다는 조건으로 말이다. 이와 반대로 최순호는 기존 A매치 출전이 113경기로 센추리클럽에 등록됐지만, 인정되지 않은 경기들로 인해 출전수가 줄어들며 센추리클럽에서 빠지게 됐다. 외국의 경우, 헝가리의 요제프 보즈식 Jozsef Bozsik, 폴란드의 카지마에즈 데이냐 Kazimierz Deyna, 동독의 한스 위르겐 되너 Hans Juergen Doerner 등 몇몇 선수가 최순호와 마찬가지로 출전수가 줄어들며 센추리클럽 등록이 제외됐다. 외국의 센추리클럽 사례를 좀 더 살펴보면 이집트의 아메드 하산 Ahmed Hassan 이 184경기로 A매치 최다 출전을 기록했고, 스페인의 골키퍼 이케르 카시야스 Iker Casillas 는 유럽 선수 A매치 최다 출전을 기록 중에 있다. 그 외에도 300명 이상의 선수들이 현재 센추리클럽에 등록되어 있다.

　축구 종주국인 잉글랜드에서는 센추리클럽에 등록되는 선수에게 '황금모자 Golden Cap'을 기념으로 준다. 이는 잉글랜드 A매치 경기를 치르는 선수에게 모자를 선물하는 전통에서 비롯된 것으로, 100경기가 쌓여 황금모자로 바꿔준다는 의미를 담고 있다. 이 황금모자를 제작해 선수에게 주기 시작한 것은 2008년 5월 28일에 있었던 데이비드 베컴의 A매치 101경기부터다. 2008년 이후로 100경기 출전을 기록한 잉글랜드의 모든 선수—스티븐 제라드 Steven Gerrard, 프랭크 램파드 Frank Lampard, 애슐리 콜 Ashley Cole, 웨인 루니 Wayne Rooney—가 황금모자를 받았다. 2008년 이전에는 피터 쉴튼 Peter Shilton 이 1990년에 125경기로 잉글랜드 역대 최다 출장을 기록했고, 시간을 더 거슬러 올라가면 보비 무어Bobby Moore, 보비 찰튼Bobby Charlton, 빌 라이트Bill Wright가 센추리클럽에 등록됐다. 당시 보비 무어와 보비 찰튼의 자료를 찾아 보면 황금모자는 받지 못했다. 하지만 100경기가 있기 전에 아흔아홉 명의 모자를 쓴 학생들과 사진을 찍은 보비 무어를 볼 수 있고,* 모자로 숫자 100을 표현한 보비 찰튼의 사진도 찾아 볼 수 있다. 그러나 여기서 의문점이 든다. 왜 굳이 '모자'인가? 그 이유는 축구에서 A매치 출전 기록을 '어피어런스Appearance'라고 표기할 수도 있고, '캡Cap'이라 표현할 수도 있기 때문이다. FIFA 공식 홈페이지FIFA.com에 들어가 선수 정보를 보면 보통 '출전Appearances'으로 표기하지만, 센추리클럽 자료에 출전 기록을 표기할 땐 '캡스Caps'로 사용한다는 것을 확인할 수 있다.

마지막으로 A매치와 관련된 귀화 사례에 대해 알아보자. 한 선수가 이중국적을 가지고 있거나, 다른 나라 국적을 취득하면 자신이 원하는 그 나라에 대표 선수가 될 수 있다. 단, 이전 국가대표팀에 선수 경력이 없다면 말이다. 그럼에도 한 선수가 두 개의 국가에서 대표팀으로 뛴 경력을 가진 선수가 존재한다. 바로 디에고 코스타Diego Costa다. 그는 브라질 출신으로 성인 국가대표팀에 발탁돼서 2013년에 이탈리아와 러시아의 A매치 친선경기에 출전했다. 그럼에도 그는 스페인으로 귀화를 하게 된다. 브라질 대표팀으로 그가 뛰었던 유일한 A매치 두 경기가 FIFA나 대륙별 축구연맹의 주관으로 이뤄진 '공식 경기'가

---

* 센추리 클럽에 가입된 스티븐 제라드가 보비 무어의 사진을 보고 그대로 재현한 바 있다.

아니었다는 이유로, FIFA는 그의 귀화를 허락한다.
코스타의 사례에서 알 수 있듯이 A매치에 뛰었더라도 '공식 경기'에 출전한 적이 없다면 귀화가 허락된다는 것이다.

일본 대표팀으로 활약한 리 타다나리 Lee Tadanari 라고 불리는 이충성도 비슷한 맥락의 선수다. 재일교포 3세인 그는 우리나라 U-19 대표팀에 소집된 바 있지만 친선경기를 포함한 공식 경기에 출전한 기록이 없어 후에 일본 대표팀를 선택한다. 그는 2011년 AFC 아시안컵 결승에서 일본을 우승으로 이끈 멋진 발리 슈팅 Volley Shooting 을 성공시킨다. 이충성의 사례에서 참고할 사항은 '공식 경기' 출전 여부는 A매치에만 한정되는 것이 아니라 연령대의 대표팀에게도 해당된다는 것이다. 그가 우리나라 연령대 대표팀에 발탁돼서 '공식 경기', 즉 FIFA가 주관하는 청소년 대회인 U-20, U-17이나 아시아축구연맹인 AFC의 U-23, U-19, U-16, U-14의 예선이나 본선에 한 경기라도 출전했다면 그는 일본 대표팀이 될 수 없었다는 뜻이다.

웨일스와 맨체스터 유나이티드의 축구 영웅. 라이언 긱스 Ryan Giggs 도 이와 비슷한 사례지만 조금 더 독특하다. 그의 자료를 찾아보면 잉글랜드 청소년 대표팀에 뛴 경력이 나온다. 그러나 성인이 된 후에 그는 아무 문제없이 웨일스 대표팀이 된다. 그 이유는 그가 몸담은 잉글랜드 청소년팀이 FIFA에 소속된 잉글랜드축구협회 The FA가 아닌, 잉글랜드학교축구협회인 ESFA England Schools' Football Association 였기 때문이다.* 이 글의 도입부를 떠올려 보면 '두 국가 중

---

* 당시 라이언 긱스의 사진을 살펴보면 엠블럼에 ESFA가 새겨져 있다. 또한 현재 어머니의 성을 따른 긱스는 아버지에 성을 따라 라이언 윌슨 Ryan Wilson 으로 등록되어 있었다.

하나의 축구협회라도 FIFA에 가입되어 있지 않다면 A매치, 또는 공식 경기로 성립되지 않는다'고 밝힌 바 있다. 긱스가 뛰었던 경기는 모두 남학생Schoolboy 대회였고, 설사 상대팀이 FIFA에 가입된 공식적인 축구협회였다고 가정해도 긱스가 소속된 ESFA가 이 조건을 충족시키지 못한다. 그렇기 때문에 긱스 또한 앞서 언급된 선수들처럼 '공식 경기'에 뛴 적이 없는 것이다.

    긱스의 경우는 '영국 국적'으로 잉글랜드에서 웨일스로 '귀화'한 것이 아니라 '선택'한 것이기에 다시 잉글랜드 대표팀이 될 수 있는지 등등, 여러 귀화 사례를 살펴볼수록 더 복잡해지는 의문점이 생긴다. 이런 사례를 볼 때, 한 선수가 국가를 선택할 때에는 개인적인 욕망과 규정에 신경 쓰기보단 국가에 대한 소신과 애정이 필요하다. 그래야 국가대표라는 자긍심을 가질 수 있기 때문이다.

Derby Match
더비 매치

더비의 본래의 뜻은 '같은 연고지를 두고 있는 라이벌 팀 간의 대결'을 뜻한다. 현재는 그 의미가 더 넓어져 '한 국가의 리그에서 라이벌 팀 간의 대결'도 더비라고 부르고 있다.

세계적으로 가장 잘 알려진 더비라고 하면 단연 '엘 클라시코 El Clasico'가 될 것이다. '전통, 고전의 승부'라는 뜻으로 스페인을 대표하는 두 팀, 레알 마드리드와 FC바르셀로나의 더비를 일컫는다. 엘 클라시코는 연고가 동일해서 생긴 더비는 아니고, 라이벌 구도로 생긴 더비다. 보통 다른 유럽 리그를 보면 강팀이었던 두 팀이 중위권으로 내려가면서 라이벌 구도가 약해지는 추세를 보인다. 하지만 엘 클라시코는 오랜 시간 변함없이 큰 더비로 인정받고 있다. 그 이유는 두 팀 모두 최고의 성적을 유지하고 있는 것은 물론, 지역감정 문제까지 안고 있기 때문이다.

마드리드 Madrid를 중심으로 한 '카스티야 Castilla' 지역의 왕국이, 바르셀로나 Barcelona가 있는 '카탈루냐 Catalonia' 지역을 포함한 네 개의 왕국을 통합하며 스페인이 만들어졌다. 그때부터 현재까지 카탈루냐 지역은 독립을 원했고, 카스티야 지역과 대립하고 있다. 이러한 역사는 1900년 즈음에 만들어진 두 팀*에게 고스란히 이어 내려온다. 또한 1920년에 붙게 된 '레알' 마드리드라는 팀명은 스페인 왕 알폰소

* FC바르셀로나는 1899년, 레알 마드리드는 1902년에 창단됐다.

13세 Alfonso XIII가 '레알Real', 즉 '귀족', '왕립'이라는 호칭을 수여하며 붙여졌다. 이름에서 알 수 있듯, 레알 마드리드는 카스티야 지역을 대표하는 클럽팀임을 충분히 알 수 있다. 반대로 FC바르셀로나는 카탈루냐 지역을 대표하는 클럽팀으로, 두 팀은 오랜 시간 치열한 경쟁을 펼치게 된다.

그 외에도 두 팀을 대표하는 선수를 보면 라이벌 구도가 더 확실히 드러난다. 현재 최고의 선수로 인정받고 있는 리오넬 메시와 크리스티아누 호날두가 두 팀에서 대립하고 있다. 더하여 레알 마드리드는 가레스 베일, 카림 벤제마Karim Benzema, 호날두의 약자를 따서 BBC라는 별칭이 있고 바르셀로나는 메시, 루이스 수아레즈Luis Suarez, 네이마르Neymar의 약자를 따 MSN으로 불리며 라이벌 구도와 화제성을 비롯, 다른 더비에 비해 이야기가 풍부한 편이다.**

과거 선수들을 비교해 봐도 두 팀의 선수들은 쟁쟁하다. 레알을 거쳐간 유명 선수는 라울 곤잘레스Raul Gonzalez, 지네딘 지단Zinedine Zidane, 데이비드 베컴, 파비오 칸나바로Fabio Cannavaro, 카카Kaka, 페르난도 이에로Fernando Hierro, 호베르트 카를로스Roberto Carlos, 이케르 카시야스 등이 있고 바르셀로나는 호나우지뉴, 히바우두, 티에리 앙리, 즐라탄 이브라히모비치Zlatan Ibrahimovic, 사비 에르난데스Xavi Hernandez, 카를레스 푸욜Carles Puyol 등 이름만 들어도 알만한 유명 선수들이 두 팀에 머물렀다.

쟁쟁한 선수 중, 호나우두와 루이스 피구Luis Figo는 두 팀 모두 소속되어 본 선수로 기록된다. 호나우두는 한 시즌만을 FC바르셀로나에서 뛰었고 이탈리아 인터밀란으로 옮긴 후에 레알 마드리드로 이적한 것이라 큰 비난을 받지

** 네이마르가 2017년에 FC바르셀로나를 떠나며 MSN은 끝을 맺는다.

않았다. 반면 루이스 피구는 다섯 시즌 동안 주장으로 FC바르셀로나에서 선수 생활을 한 뒤, 곧바로 레알 마드리드로 이적을 하며 더 큰 비난을 샀다. 이적 후 경기에서 피구가 코너킥을 차러 오면 FC바르셀로나 팬들은 유리병 등의 오물을 던져 경기가 중단되기도 했다. 그만큼 두 팀 간의 라이벌 의식은 엄청나다고 할 수 있다.

지역을 바꿔보자. 이탈리아의 대표적인 더비는 AC밀란과 인터밀란의 '밀라노 Milano 더비'가 있다. 밀란에는 원래 AC밀란, 한 팀밖에 없었지만 이탈리아인과 영국인만 받아들이는 AC밀란의 정책에 반대하는 세력이 새로운 팀을 만든다. 팀 명칭도 '인테르나치오날레 Internazionale', 즉 '국제적인'이라는 뜻의 FC인테르나치오날레 밀라노―인터밀란―라는 이름을 사용한다. 두 팀의 상징하는 유니폼도 상당히 '더비'스럽다. AC밀란이 검정 줄무늬에 빨간색이 상징색이라면 인터밀란은 검정 줄무늬에 파란색이 상징색이다.

잉글랜드의 더비도 이탈리아처럼 연고를 기반으로 하는 경우가 대다수를 차지한다. 맨체스터 유나이티드와 맨체스터 시티의 '맨체스터 Manchester 더비'와 리버풀과 에버튼의 '머지사이드 Merseyside 더비', 아스날과 토트넘의 '노스 런던 North London 더비' 등등 지역으로 한 더비가 수도 없이 많다. 그 외 '레즈 Reds 더비'라 불리는 '노스웨스트 North West 더비'가 있다. 맨체스터 유나이티드와 리버풀의 더비를 일컫는 단어로, 두 팀 모두 붉은색 유니폼을 입는 것에서 착안했다. 70, 80년대는 리버풀이 90, 2000년대는 맨체스터 유나이티드가 리그를 장악하며 리그 최다 우승 횟수가 비슷해, 라이벌 구도가 형성됐다.

세월이 흘러 K리그에서도 많은 더비들이 생겨났다.
세계 20대 더비에 들어간다는 FC서울과 수원 삼성의
'슈퍼 매치Super Match'는 축구팬을 넘어 많은 대중에게 널리
알려져 있다. 그 외에도 포항 스틸러스와 울산 현대의
'동해안 더비', 전북 현대와 전남 드래곤즈의 '호남 더비',
FC서울과 인천 유나이티드의 '경인 더비'가 대표적이다.
2016년 K리그에서는 최초로 같은 연고로 한 '수원 더비'가
펼쳐지기도 했다.* 요즘 K리그에서는 이런 더비들이
만들어지며 흥행에 성공하자, 역사가 쌓이기도 전에
'더비'라고 명하는 경우가 유독 눈에 띈다. 대표적으로 포항
스틸러스와 전남 드래곤즈의 '제철가※ 더비'와 성남FC와
수원FC의 '깃발 더비'가 있다. 제철가 더비는 두 팀이
라이벌이라 할 만한 이유가 딱히 없지만, 단지 같은 기업의
팀이라는 데에 착안 한 것이다.** 깃발 더비는 이기는 팀이
타 지역 시청에 구단 깃발을 걸게 하자는 두 팀 구단주의
'내기'로 시작됐다. 다분히 정치인의 홍보 목적이 우선시
된 더비라고 볼 수 있다. 이런 더비에는 부정적인 시선이
존재하지만, 앞으로 긴 역사를 함께 하고 이야기를 만들어
간다면 좋은 의미의 더비가 될 수도 있다는 전망도 충분히
존재한다. 수원FC와 성남FC는 2016년에 함께 강등되며
2017년에도 '깃발 더비'를 이어갔다. K리그에 부는 더비
바람은 양을 늘리는 더비보단 역사를 쌓는 실속 있는
더비를 만들어 가는 것이 더 중요해 보인다.

* 2부리그인 K리그 챌린지에서 수원FC가 2016년에 승격을 하면서
수원 삼성을 만났다. 수원FC는 한 시즌만에 강등됐고, 최초의
연고를 기반으로 한 더비는 1년 만에 막을 내렸다.
** 비슷한 사례로는 전북 현대와 울산 현대의 '현대가 더비'가 있다.

국가대표 사례를 살펴보면 '더비'라는 표현은 없지만 역사적 사건과 월드컵의 맞대결을 통해 라이벌로 급부상하는 경우가 있다. 잉글랜드와 아르헨티나는 1982년에 포클랜드Falkland의 영유권을 둘러싼 분쟁이 일어났고, 4년이 흐른 1986년 멕시코 월드컵 8강에서 만난다. 결과적으로 디에고 마라도나의 아르헨티나가 2:1로 잉글랜드를 꺾으며 4강에 진출했다. 하지만 당시 득점한 마라도나는 손으로 골을 넣은 '신의 손' 사건을 일으키며, 두 국가의 앙숙 관계는 더 깊어진다. 시간이 흘러 역사적인 사건은 차츰 잊혀갈 때쯤, 1998년 프랑스 월드컵 16강에서 두 국가는 마주하게 된다. 잉글랜드는 마이클 오언의 환상적인 드리블Dribble 돌파로 승기를 잡는 듯했으나, 데이비드 베컴이 디에고 시메오네Diego Simeone의 다리를 고의적으로 건드리며 퇴장을 당한다. 결국 수적 열세를 극복하지 못하고 승부차기까지 가는 접전 끝에 잉글랜드는 패배하고 만다. 악연은 21세기에도 이어진다. 2002년 한·일 월드컵 조별리그에서도 만나게 된 것. 두 국가가 또다시 만났다는 점에서도 큰 이야깃거리가 됐지만, 베컴과 시메오네가 다시 마주한다는 것도 축구팬들 사이에서 이목을 끌었다. 2002년에는 잉글랜드가 페널티킥을 얻어 베컴이 득점을 올리며 1:0으로 힘겹게 복수에 성공했다.

아시아 국가의 라이벌은 한국과 일본이 대표적이다. 한국과 일본은 아시아 최초로 월드컵을 공동 개최하기도 했고 1998년에는 동시에 월드컵 본선 진출을 하기도 했다. 같은 지역의 동아시아 국가들은 정치적으로 적대적이라 경기할 때마다 서로 라이벌 의식을 가지곤 한다. 그러나 중국, 북한 경기에서는 상대팀을 꼭 이겨야 한다는 의지만 있을 뿐, 라이벌이라고 하기엔 실력 차이가 나는 것은 분명하다.

한국과 일본의 실력 차이는 사실, 90년대 이전에는 라이벌이라고 할 수 없을 정도로 월등히 한국이 앞선다. 지금도 역대 전적을 살펴보면 한국이 엄청난 우위를 차지하고 있는데, 이유는 90년대 이전에 많은 승리를 거뒀기 때문이다.

본격적으로 라이벌 구도가 심화된 것은 1993년 카타르 도하 Doha에서 열린, 1994년 미국 월드컵 아시아 최종예선부터다. 당시 한국과 일본은 2승 2무 1패라는 동일한 성적을 거뒀지만 득실 2점 차이로 한국이 극적으로 월드컵 본선에 진출한다.* 한국이 최종예선 동안 유일하게 패한 경기는 일본과의 경기였고, 마지막 경기에서 북한을 3:0으로 물리치고도 일본의 승패에 따라 한국의 월드컵 본선 진출 여부가 결정이 되는 상황이었다. 일본은 마지막 이라크와 경기에서 2:1로 이기고 있었지만 종료 10초를 남기고 동점골을 허용하며 무승부를 기록했다. 그렇게 월드컵 본선 진출국은 일본에서 한국으로 극적으로 바뀌게 된다. 이 사건을 두고 한국에선 '도하의 기적'이라는 표현을 썼고 일본에선 '도하의 비극'이라는 표현을 했다.

1998년 프랑스 월드컵 아시아 최종예선에서도 한국은 일본과의 대결에서 극적인 승부를 만들었다. 일본 원정 경기에서 한국은 1:0으로 끌려가면서 패배 위기에 놓였지만 경기 막바지에 2득점을 몰아치며 역전승을 거뒀다. '도쿄대첩'이라 불린 이 경기를 포함해 한국은 초반부터 최종예선 4연승을 거두며 승승장구했다. 일본은 한국

---

*1994년 미국 월드컵 아시아 최종예선은 1993년 10월 15일부터 28일까지 카타르 도하에서 6개국(사우디아라비아, 한국, 일본, 이라크, 이란, 북한)이 참여 해, 상대팀과 한 경기 씩을 치르며 월드컵 본선 진출할 두 팀을 가렸다. 최종적으로 사우디아라비아와 한국이 본선에 진출했다.

원정에서 2:0으로 완승을 거두며 1차전의 복수를 할 수 있었다. 그 후, 일본은 플레이오프에 진출해 이란을 3:2로 제압하며 당시 아시아에 배정된 월드컵 본선 진출권 3.5장 중 1장을 가까스로 얻어낸다.

한국과 일본은 2002년 월드컵을 공동 개최하면서 또 다른 방식으로 라이벌 의식을 갖게 된다. 월드컵 본선에서 단 1승도 거두지 못한 두 국가는 월드컵을 개최하며 16강 진출이라는 큰 목표를 세웠고 일본보다 좋은 성적을, 한국보단 좋은 성적을 거두기 위해 서로 노력한다. 결과적으로 두 국가는 월드컵 1승이라는 타이틀과 16강 진출이라는 큰 목표를 이뤘고, 한국은 더 나아가 아시아 국가 최초로 월드컵 4강에 진출하는 업적을 남기기도 했다.

그 이후로 한일전은 하락세를 탄다. 국가대표팀 기준으로 90년대에 열네 번의 경기가 펼쳐진데 반해 2000년대에는 여덟 번의 경기에 그치고 만다. 경기 수도 적어졌을 뿐만 아니라 2002년 이후로 열린 월드컵 아시아 최종예선에서도 만나지 못하면서 '외나무다리' 승부가 현저하게 줄어들었다. 그나마 2007년 아시안컵 3·4위전과 2011년 아시안컵 4강, 2012년 런던 London 올림픽 3·4위전을 통해 한일전의 의미를 어느 정도 회복시킬 수 있었다.

Third Kit
서드 유니폼

축구 경기에는 홈팀과 원정팀이 존재한다. 홈팀은 자신의 지역, '홈 Home'에서 경기를 가지며 팀을 상징하는 주된 색상인 '홈 유니폼 Home Kit'을 입고 경기에 임하게 된다. 반대로 원정팀은 자신의 지역이 아닌 상대팀 지역에서 경기을 하게 되는데, 이때 팀의 두 번째 고유 색상으로 된 '어웨이 유니폼 Away Kit'을 입고 경기를 치르게 된다. 어웨이 유니폼을 입게 되는 이유, 첫 번째는 경기를 하는 두 팀의 홈 유니폼의 색상이 겹칠 경우. 두 번째는 양 팀의 상징하는 색상은 다르지만, 명도의 차이가 크지 않아 구분이 어려울 때 어웨이 유니폼을 입게 된다.

    그러나 원정 경기라고 무조건 어웨이 유니폼을 입을 수 있는 것은 아니다. 어웨이 유니폼이 상대팀 홈 유니폼의 색상과 동일할 경우에는 홈 유니폼을 입어야 하거나 세 번째 유니폼인 '서드 유니폼 Third Kit'을 입어야 하는 상황이 생기게 된다. 이와 같이 세 번째 유니폼은 원정에서 색상이 겹칠 경우 입는 것이라고 알아두면 쉽다.

    그러나 어웨이 유니폼이 상대 홈 유니폼과 색상이 겹칠 경우에는 굳이 서드 유니폼을 입지 않고, 홈 유니폼을 입으면 문제가 쉽게 해결되는 듯 보인다. 그러나 축구 유니폼은 상의뿐만 아니라 하의, 양말을 포함한 '키트 Kit'로 구성된다는 것을 염두에 둬야 한다. 어웨이 유니폼 상의가 상대팀 홈 유니폼 색상과 같아서 양 팀 모두 홈 유니폼을 입었다고 과정 했을 때, 상의 유니폼의 색상은 달라졌지만 하의와 양말의 색상에서 동일한 색이 나올 가능성이 크다. 이런 문제점 때문에 서드 유니폼을 대안으로 입는 것이다.

    서드 유니폼은 국가대표팀보다 유럽 클럽팀들에게 볼 수 있는 현상이다. 클럽팀은 국가대표팀에 비해 1년 동안 소화하는 경기와 상대팀의 수가 월등히 많기 때문이다. 잉글랜드 프리미어리그 2016-17시즌을 기준으로, 스무 팀 중에서 같은 계열 색상의 유니폼을 사용하는 팀은 최대 아홉 팀*이나 된다. 게다가 한 팀이 리그에 소속된 열아홉 팀만 상대하는 것이 아니다. 챔피언스리그나 유로파리그에 진출하여 조별리그에서 다른 국가의 클럽팀을 상대하면 기본 세 팀이 추가된다. 또 FA컵, 풋볼리그컵에서 하부리그 팀들을 만나면 경우의 수는 훨씬 많아진다.

    그럼에도 불구하고 요즘에는 성적이 좋은 국가대표팀에도 서드 유니폼이 속속 발매되는 추세다. 2014년 브라질 월드컵에서 스페인, 브라질이 서드 유니폼을 발표했다. 스페인의 경우 조별리그 세 경기에서 홈, 어웨이, 서드 유니폼을 모두 입게 됐다. 여기서 재밌는 점은 3차전을 제외한 1, 2차전 모두 스페인 홈으로 배정되어 있음에도 1차전 네덜란드전에서 어웨이 유니폼을 입고 경기에 임했다는 사실이다. 이는 원정으로 기록된 3차전에서 서드 유니폼을 입기 위한 전략으로 판단된다. 왜냐하면 1, 2차전에서 홈 유니폼을 입어버리면 3차전에서는 어웨이 또는 서드 유니폼 중 하나만 입어야 하기 때문이다. 4년에

---

  * 2016-17시즌 잉글랜드 프리미어리그에서 홈 유니폼이 붉은 계열인 팀은 리버풀, 아스날, 맨체스터 유나이티드, 본머스, 사우샘프턴, 스토크 시티, 미들즈브러, 웨스트햄 유나이티드, 선더랜드다.

한 번 열리는 월드컵에서 입지 않은 유니폼의 가치는 떨어지기 마련이다. 그래서 1차전 스페인과 네덜란드의 경기는 두 팀 모두 어웨이 유니폼을 입게 된 사례가 됐다.

브라질은 조별리그와 토너먼트를 포함한 총 네 경기 동안, 한 경기를 제외하고 모두 홈 경기로 배정받았다. 브라질 홈 유니폼은 노랑, 어웨이는 파랑, 서드는 검은색으로, 어웨이와 서드는 명도가 낮고 홈 노랑은 명도가 높다. 브라질은 유일하게 원정으로 배정된 경기에서 조차 홈팀 카메룬이 명도가 낮은 초록색을 입어서인지, 어웨이 또는 서드 유니폼을 입지 못했다. 그렇다면 브라질도 스페인의 사례와 같이 홈 경기임에도 어웨이 유니폼을 입는다면 모든 유니폼을 입을 수 있었을 텐데 왜 그러지 않았을까? 그에 대한 해답도 명도에 있다. 브라질은 조별리그와 토너먼트에서 만난 모든 팀—칠레, 콜롬비아, 독일, 네덜란드—의 어웨이 유니폼이 모두 명도가 낮았기에, 유니폼 중에서 가장 명도가 높은 노란색 홈 유니폼을 입을 수밖에 없었다.

하지만 대결하는 양 팀 유니폼에 무조건 명도 차이를 둬야 하는 것은 아니다. 유럽 리그를 보면 강팀과 강팀이 대결하는 '더비 매치'에서는 그 규제를 지키지 않는 모습을 볼 수 있다. 이탈리아 세리에A의 '밀라노 더비'가 그 예다. AC밀란은 검은색과 빨간색 줄무늬로 되어 있는 유니폼을, 인터밀란은 검은색과 파란색 줄무늬로 이루어진 유니폼을 입고 더비전을 치른다.** 이미 줄무늬라는 디자인도

** 상의 유니폼이 너무 유사하다 보니 하의와 양말의 대비는 분명하다. AC밀란이 흰 바지에 검정 양말을 신는다면 인터밀란은 검정 바지에 흰 양말을 신는 식이다.

서드 유니폼

같을뿐더러 보조색으로 검은색이 쓰이고 있으니 명도가 똑같다고 해도 과언이 아닐 것이다. 그러나 더비라는 특별한 관계 덕분에, 어웨이 유니폼의 생소한 색보다는 두 팀 모두 고유한 팀의 색상을 입고 경기에 임하게 된다.

이 예를 우리나라 K리그에 적용시키면 밀란과 유니폼이 비슷한 FC서울과 인천 유나이티드가 떠오른다. 예전에는 줄무늬 유니폼에도 불구하고 양 팀의 상징 색상의 홈 유니폼을 입고 뛰는 모습을 볼 수 있었지만, 2016시즌에는 명도 차이 때문에 더비에 어울리지 않는 어웨이 유니폼을 입는 모습을 보인다. 한 가지 덧붙이자면 위 사례보다 명도 차이가 큰 FC서울과 수원 삼성의 '슈퍼매치'에서도 마찬가지다. 그전에는 붉은색의 FC서울과 파란색의 수원 삼성이 대결하는 모습을 볼 수 있었지만 2016시즌에서는 원정에서 무조건 어웨이 유니폼을 입는 모습을 볼 수 있다. 이런 아쉬운 점을 느꼈는지 2016년 FA컵 결승 '슈퍼매치' 1, 2차전 모두 빨강 대 파랑, 파랑 대 빨강 유니폼을 입고 경기를 한다고 SNS Social Networking Service 홍보를 대대적으로 하기도 했다.

축구에서 유니폼은 팀을 식별하기 위한 용도를 넘어, 팀을 상징하고 여러 이야기를 만들어 주는 요소다. 세 번째 유니폼 사용 예시를 살펴보면 팀의 역사를 표현하는 경우도 종종 볼 수 있다. 1992년에 맨체스터 유나이티드는 전신이었던 '뉴턴히스 Newton Heath FC. 1878~1902'를 기념하기 위해 서드 유니폼을 당시 뉴턴히스 유니폼 디자인을 그대로 사용했고, 2002년에도 창단 100주년을 기념한 유니폼을 어웨이와 서드 유니폼으로 디자인해 선보였다. 맨체스터 유나이티드와 비슷하게 웨스트햄 유나이티드도 전신이었던

'템스 아이언웍스Thames Ironworks FC. 1895~1900'의 기념 유니폼을 따로 발매해서 판매했다. 이렇듯 세 번째 유니폼은 마케팅적 요소로 사용되는 예가 많다.

2016년 K리그의 FC서울도 서드 유니폼을 발매했다. 보편적인 세 번째 유니폼의 활용이 아닌, 아시아 챔피언스리그에서만 입을 홈 유니폼을 발매해 팬들에게 한 시즌에 두 벌의 홈 유니폼을 선보이기도 했다.*

---

* 당시 수원 삼성도 서드 유니폼을 발표했는데, FC서울과는 반대로 아시아 챔피언스리그에서만 입을 어웨이 유니폼을 출시했다.

Quadruple · Treble · Double
쿼드러플 · 트레블 · 더블

쿼드러플, 트레블, 더블의 사전적 의미는 네 배, 세 배, 두 배의 뜻으로 우리 말로 하면 각각 4관왕, 3관왕, 2관왕으로 순화해서 표현할 수 있다. '쿼드러플'은 한 시즌에 '챔피언스리그, 자국리그, 컵 대회, 리그컵'을 모두 우승한 경우이고, '트레블'은 '챔피언스리그, 자국리그, 컵 대회' 우승을, 더블은 '챔피언스리그, 자국리그 또는 컵 대회' 우승을 말한다.

보통 쿼드러플보단 트레블의 표현이 일반적으로 많이 쓰인다. 쿼드러플의 가장 규모가 작은 대회인 리그컵은 국가에 따라 존재하지 않는 대회*이기 때문에 현실적으로 유럽의 많은 클럽팀이 쿼드러플을 달성할 수 없다. 실제로 '쿼드러플'을 달성한 팀은 스코틀랜드의 셀틱이 유일하다. 1966-67시즌에 챔피언스리그—당시 유러피언컵—, 자국리그, 컵 대회, 리그컵을 우승하며 이 기록을 썼다. 1967년 셀틱을 포함해 유럽 축구에서 '트레블'을 달성한 팀은 총 일곱 팀이다. 1972년과 1988년에 네덜란드의 아약스와 PSV아인트호벤이, 현대로 접어들어 잉글랜드의 맨체스터 유나이티드가 1999년, 이탈리아의 인터밀란이 2010년, 독일 바이에른 뮌헨이 2013년, 스페인의 FC바르셀로나는 2009, 2014년도에 트레블을 달성했다. 바르셀로나는 역사상 트레블을 두 번이나 이뤄낸 최초의 팀으로 기록된다.

* 이 책의 1부 「축구협회65~78p」, '리그컵' 설명에서 잉글랜드, 스코틀랜드, 프랑스, 포르투갈을 제외한 유럽 국가에는 리그컵이 없다고 밝혔다.

위에 언급된 서너 개 대회의 트로피가 큰 권위로 자리 잡은 이유는 한 시즌을 기준으로 하기 때문이다. 시즌을 마무리한 후, 우승팀이 참가하는 이벤트성 대회인 슈퍼컵, 클럽월드컵 등을 포함하면 한 시즌에 5~6관왕도 가능하다. 하지만 쿼드러플을 포함한 트레블과 더블의 조건은 한 시즌 동안 이루어지는 대회가 우선시 된다. 예를 들어 챔피언스리그를 우승—시즌 대회—하고, 슈퍼컵—비시즌 대회—을 우승했다고 해서 더블이라 부르지 않는다는 걸 익히 알 수 있다.

이렇듯 어떤 트로피를 들어 올리느냐에 따라 트레블의 조건이 충족될 수도, 부족할 수도 있다. 앞서 말한 예처럼 시즌과 비시즌의 차이라면 트레블의 경계는 분명하다. 하지만 챔피언스리그 대신 유로파리그를 우승하면 어떨까? 두 대회는 시즌과 주관이 모두 동일하나 유로파리그는 챔피언스리그의 하위대회임으로, 유로파리그를 우승한 3관왕에게는 트레블보다 작다는 의미로 '미니Mini 트레블'이라 부른다.

'더블'은 챔피언스리그, 정규리그, 컵 대회 중 두 개의 대회를 우승하면 된다. 첼시의 경우 2009-10시즌에 리그 우승과 FA컵 우승을 차지하며 역사상 첫 더블을 기록했고, 2011-12시즌에는 챔피언스리그와 FA컵을 우승하며 두 번째 더블을 달성했다.** 첼시는 또한 2004-05시즌에는 리그 우승과 리그컵 우승을, 2006-07시즌에는 FA컵과 리그컵을 우승했다. 리그컵이 포함된 이때는 트로피를 두 개를 들어 올린 것은 맞지만, 통상적인 더블의 의미는 아니었다.

** 2009-10시즌 첼시의 카퍼레이드Car Parade를 보면 '더블 위너Double Winners'라 명시했지만 2011-12시즌에는 구단 역사상 첫 챔피언스리그 우승의 의미에 중점을 둬 '더블'이란 표현이 자주 언급되진 않았다.

이런 의미에서 잉글랜드의 리버풀은 '컵 트레블Cup Treble'의 논란이 있다. 2001년 'UEFA컵―유로파리그 전신―, FA컵, 리그컵'을 우승하며 '컵 트레블'이라 부르게 된 것. 물론 세 개의 대회를 우승했으니 3관왕은 맞으나 '컵 트레블'이라고 부르기엔 애매한 부분이 있다. 첫 번째는 리그컵이 포함됐다는 것이다. 쿼트러플이 리그컵을 포함하면서 현실적으로 리그컵이 없는 국가에서는 쿼트러플을 달성할 수 없듯이, 컵 트레블도 마찬가지로 리그컵이 존재하지 않은 국가에서는 달성할 수 없다. 또한 첼시가 2005년과 2007년에 이뤄낸 2관왕을 더블이라고 칭하지 않는 것도 이유가 될 것이다. 두 번째는 당시 UEFA컵이었던 명칭이 대회 방식을 바꾸며 유로파리그로 변경되었다는 것이다. 현재로서 '유로파리그, FA컵, 리그컵'을 우승한다고 해도 '컵 트레블'이라고 규정짓기는 불분명하다. 이런 점들을 생각했을 때 '컵 트레블'이라는 단어는 구단과 팬들 사이의 속칭으로 받아들여야 할 것이다. 당시 라이벌이던 맨체스터 유나이티드의 관중들은 컵 트레블을 놓고 '미키마우스 트레블Mickey Mouse Treble'이라는 걸개를 걸어 비꼬기도 했다. 이는 우리나라에서 모 해설가가 리버풀과 맨체스터 시티의 경기에서 '미키마우스 트레블'이라는 용어를 사용해 리버풀의 몇몇 팬들에게 큰 질타를 받았다.

트레블을 제외하고 쿼트러플, 더블의 의미가 완벽하지 않은 것이 사실이다. 이는 미디어가 2관왕만 하면 더블이라는 용어를 사용하기 때문이기도 하다. 하지만 최소한 통상적으로 말하는 '트레블', '더블'과 리그컵―또는 비시즌 우승―이 포함된 '트레블', '더블'의 의미 차이를 알아둘 필요가 있다.

La Decima
라 데시마

스페인어로 '열 번째'라는 뜻의 '라 데시마'는 레알 마드리드의 열 번째 유럽 챔피언스리그 우승 달성을 가리키는 말이다. 레알 마드리드는 2014년 리스본Lisbon에서 열린 챔피언스리그 결승이자 더비 경기인, 아틀레티코 마드리드와 대결에서 승리하며 사상 첫 챔피언스리그 10회 우승이라는 업적을 남겼다. 나아가 2016년 밀라노에서 열린 아틀레티코 마드리드와 재대결에서도 승리하며 11회 우승, '라 운데시마La Undecima'를 달성했다. 이 역시 스페인어로 '열한 번째'라는 뜻이다.

유럽 챔피언스리그 역대 우승 횟수를 비교하면 레알 마드리드가 11회 우승을 기록했고 AC밀란이 7회 우승, 바이에른 뮌헨과 FC바르셀로나, 리버풀이 5회 우승이다. 이 다섯 팀을 포함해 3회 연속 우승을 기록한 아약스—1971, 1972, 1973년—는 챔피언스리그 우승 트로피 '빅이어'를 영구 소장하고 있는데, 영구 소장에 기준이 '5회 우승'과 '3회 연속 우승'한 팀으로 한정되기 때문이다. 그래서 바이에른 뮌헨은 2013년에서야 다섯 번째 우승을 기록했지만 1974, 1975, 1976년 연속 우승으로, 그 이전부터 '빅이어'를 영구 소장하고 있었다.

레알 마드리드의 '라 데시마'와 '라 운데시마'는 역대 우승 기록을 살펴보면, 다른 팀에 비해 월등히 많은 숫자를 기록한다. 1955년부터 시작된 챔피언스리그의 전신인 유러피언컵의 초대 우승를 포함한 '5회 연속 우승'과 1966년의 1회 우승까지 추가하며, 이미 60년대 중반에 6회 우승을 기록한 것이 현재의 대업적을 이룬 발판이라고 할 수 있다. 이에 대해 몇몇 축구팬들은 유러피언컵 대회가 자리 잡히지 않을 때라는 비판적 시선도 존재한다. 최초의 유러피언컵 대회는 출전국이 열여섯 팀밖에 되지 않았고, 잉글랜드축구협회 The FA는 자국 참가 팀에게 불참을 권유한 것으로 보아 당시 몇몇 국가들은 대회 권위에 의심을 품고 있었다. 출전하는 팀도 자국리그 우승팀을 포함해, 대회 우승 없이도 초청을 받으면 출전할 수 있는 대회였으니 말이다. 그러나 이런 식으로 초반에 있었던 대회의 질을 폄하하다 보면 레알 마드리드를 포함한 60, 70년대에 우승한 모든 팀들의 가치도 떨어트리는 모순을 낳는다. 우루과이의 초대 월드컵 우승도, 우리나라의 아시안컵 초대 우승도 현재 대회의 가치와 다르다고 폄하돼서는 안되는 것과 같다. 마찬가지로 레알 마드리드의 유러피언컵 우승 업적도 폄하되어선 안 될 일이다.

레알 마드리드의 우승 횟수에 대한 폄하가 작게나마 생기게 된 본질적인 이유는 챔피언스리그와 전신인 유러피언컵의 차이점 때문일 것이다. 그렇기에 '우승 횟수'를 논쟁으로 가져갈 것이 아니라 '두 대회의 차이점'을 알아 두는 것이 더 현명한 일이다. 유러피언컵은 32강 토너먼트 대회로, 다섯 팀과 홈 앤드 어웨이 경기를 치르면 우승할 수 있었다. 반면 현재 챔피언스리그는 서른두 개의 클럽팀이 여덟 개 조로 네 팀씩 나눠져 홈 앤드 어웨이 경기를 펼치고—세 팀과 대결—, 성적이 좋은 두 팀이 16강에 나가 토너먼트 결승에—네 팀과 대결— 오르게 된다. 결승을 제외한 토너먼트에서도 홈 앤드 어웨이 경기를 치르며, 도합 일곱 팀과의 경기를 소화해야 우승이 가능하다는 뜻이다.

정리하자면 유러피언컵이 다섯 팀을, 챔피언스리그는 일곱 팀을 상대해야 우승을 할 수 있다는 이야기다. 어떤 이는 고작 두 팀 차이가 그리 큰 격차를 만들어내는 것은 아니라고 할 수도 있겠지만, 여기서 또 하나 중요한 점은 조별리그에서 '성적이 좋은' 상위 두 팀이 토너먼트로 진출한다는 것이다. 그 반대로 유러피언컵은 조별리그 없이 곧바로 토너먼트에 돌입했다. 때문에 유러피언컵은 역대 8강, 4강에서 실력 차이가 나는 팀 간의 대결이 쉽게 이뤄지는 편이었고, 이 점을 잊어서는 안 될 것이다. 이런 이유로 챔피언스리그는 강팀과 강팀이 만나는 '빅매치 Big Match'의 비율이 유러피언컵에 비해 훨씬 많아졌다. 총 다섯 팀을 상대하면서 강팀을 만날 확률이 낮다는 것과 더 많은 일곱 팀을 상대하면서 강팀을 만날 확률이 더 높다는 것은 분명한 차이가 있다. 계속해서 챔피언스리그가 유러피언컵보다 어렵다는 증거는 '연속 우승' 기록을 보면 더 쉽게 드러난다. 유러피언컵이었던 1950~1980년에는 연속 우승팀이 무려 여덟 팀이 된다.* 반대로 1992년 챔피언스리그 변경 이후, 현재까지 2회 연속으로 '빅이어'를 들어 올린 팀은 2016, 2017년 연속 우승한 레알 마드리드가 유일하다.

이 수많은 이유들만 놓고 봐도 다른 팀에게 있어서 레알 마드리드의 라 데시마, 라 운데시마는 높은 벽처럼 느껴질 수밖에 없을 것이다. 게다가 유러피언컵보다 현재

---

* 50년대 레알 마드리드 5회, 60년대 벤피카, 인터밀란 2회, 70년대에 바이에른 뮌헨과 아약스가 3회, 리버풀과 노팅엄 포레스트가 2회, 80년대 AC밀란이 2회 연속 우승을 기록했다.

챔피언스리그 우승이 실현하기 어렵다는 점 또한 그 벽을 점점 더 높게 만드는지도 모르겠다. 하지만 레알 마드리드도 1966년 이후 또 다시 빅이어를 들기까지 32년이란 긴 세월이 걸렸다. 그 힘든 시간을 겪은 레알 마드리드는 챔피언스리그로 변경된, 1992년부터 우승 기록만 따져봐도 총 6회 우승으로 최다 기록을 이어가고 있다. 이처럼 소히 '빅클럽Big Club'이라 불리는 여러 팀들은 전성기를 누리다 침체기가 오기 마련이다. 이 '빅클럽'의 잣대가 단순히 '우승 횟수'로만 한정할 것이 아니라 이 침체기를 '어떻게 극복하느냐'에 따라 그 의미를 달리해야 할 것이다.

Ballon D'or · FIFA World Player of the Year
발롱도르 · FIFA 올해의 선수상

발롱도르의 시작은 1959년 프랑스 일간지인 『프랑스 풋볼France Football』의 선정으로 시작됐다. 유럽 각국의 기자 한 명에게 투표권을 주는 방식으로 수상 선정을 하여 처음엔 16개국, 그 다음에는 30개국, 1995년부터 월드컵 본선 진출의 경험이 있는 96개국의 기자에게 투표권을 주는 방식으로 이어지고 있다.

'발롱도르'의 초기 의도는 '올해의 유럽 선수상'이었다. 1959년부터 1994년까지 수상한 선수들은 유럽 선수들이 대부분이다. 그중, 1961년 발롱도르 수상자인 오마르 시보리Omar Sivori는 아르헨티나 태생이지만 이탈리아-아르헨티나 이중국적으로, 알프레도 디 스테파노Alfredo Di Stefano 역시 아르헨티나 태생으로 스페인-아르헨티나 이중국적으로 발롱도르를 수상할 수 있었다. 그렇기 때문에 축구하면 떠오르는 대표적 인물인 펠레와 마라도나는 국적의 문제로 발롱도르를 수상할 수 없었다. 펠레는 유럽리그에서 뛰어본 경험조차 없었고, 디에고 마라도나는 FC바르셀로나, 나폴리에서 뛰었지만 국적이 걸림돌이었다.* 이 국적 문제는 1995년부터 풀려, AC밀란에서 뛰던 라이베리아 국적에 조지 웨아George Weah가

---

* 2010~2015년 '올해의 선수상'과 통합된 'FIFA 발롱도르'에서 펠레와 마라도나는 '명예 발롱도르'를 수상했다.

유럽 국적이 아닌 선수로는 최초로 발롱도르를 수상했다. 그 이후로는 브라질의 호나우두, 히바우두, 호나우지뉴, 카카가 수상했고 이어서 아르헨티나의 메시가 수상하며 유럽을 넘어 남미 선수에게도 그 영광이 주어졌다. 1959년에서 2009년까지 최다 수상자는 3회를 기록한 반 바스텐 Van Basten, 요한 크루이프, 미셸 플라티니가 그 주인공이다.

'FIFA 올해의 선수상'은 발롱도르에 비해 그 역사가 짧다. 1991년 로타어 마테우스 Lothar Matthaus의 수상을 시작으로, 2001년부터는 올해의 선수상에 여자부문이 포함되기 시작했다. 최다 수상자는 3회 수상으로 지네딘 지단과 호나우두로 기록되고, 2회 연속 수상의 영광은 호나우두와 호나우지뉴가 가지고 있다. '발롱도르'와 달리 '올해의 선수상'은 각국 대표팀의 감독들과 선수인 주장 Captain 들이 투표를 한다. 자국의 선수는 뽑을 수 없다는 기준 하에 1, 2, 3위로 나눠 세 명의 선수에게 표를 던질 수 있다. 1위에게 5점, 2위에게 3점, 3위에겐 1점을 부여해 합산하여 선정한다.

'발롱도르'와 '올해의 선수상'은 2010~2015년까지 'FIFA 발롱도르'로 통합되어 수상자를 선정했다.* 투표 방식도 발롱도르 방식인 '기자 투표'와 올해의 선수상 방식인 '감독과 주장의 투표' 두 가지 방식을 결합하여 진행했다.

보편적으로 통합되기 전, '올해의 선수상'보다는 '발롱도르'가 더 높은 권위를 가진 시상식으로 칭송받아왔다. 제 삼자의 입장에 있는 축구 전문 기자들이 심사위원의 입장에서 투표를 하기 때문에 신뢰감이 높다는 이유에서다.

* 두 시상식은 2010년부터 2015년까지 통합되었다가 2016년부터는 다시 분리됐다. 2016년 '올해의 선수상'의 명칭은 '더 베스트 FIFA 남자 선수상 The Best FIFA Men's Player'으로 표기한다.

반대로 올해의 선수상은 경기장에서 함께 뛰는 선수와 감독이 어느 특정 선수를 뽑는다는 점에서 사적인 감정이 들어갈 확률이 높기 때문에 더 낮은 평가를 받아왔다. 이런 방식으로 인해 '올해의 선수상'의 수상자 논란이 일어날 때 '인기투표'라는 빈정거림을 들어야 했다.** 그럼에도 불구하고 '발롱도르'와 '올해의 선수상'은 각기 다른 기준으로 역사를 쌓아가던 중에 'FIFA 발롱도르'로 통합하게 됐고 시작한 첫해부터 수상자 기준 논란이 일어났다.

2010년은 월드컵이 있던 해로, '발롱도르'나 '올해의 선수상'을 수상하기 위해서는 월드컵에서 좋은 성적은 필수였다. 참고로 월드컵이 있었던 1998, 2002, 2006년 '발롱도르'와 '올해의 선수상' 수상자가 동일하다는 점을 집고 넘어가야겠다.*** 이런 점을 참고할 때, 2010년은 월드컵 우승을 기록한 스페인이나 준우승을 한 네덜란드에서 'FIFA 발롱도르'의 수상자가 나오는 것이 옳다는 의견이 많았다.

그러나 결과는 클럽팀에서만 엄청난 활약을 보여준 메시가 수상하게 된다. 개인 기록에서, 리그와 챔피언스리그에서 경이로운 득점력을 보이며 득점왕을 차지한 이유로 말이다. 반면, 팀 기록에서 메시는 소속된 FC바르셀로나가 리그 우승과 챔피언스리그 4강에 진출했지만, 자국 아르헨티나 대표로는 월드컵에서 단 한

** 그렇다고 발롱도르의 수상자 논란이 없는 것은 아니다. 수상 기준이 개인 기록이 먼저인지, 팀 기록이 먼저인지 모호한 경우가 많았다.

*** 1998년은 지네딘 지단, 2002년은 호나우두, 2006년은 칸나바로. 월드컵을 우승한 세 명의 선수들은 '발롱도르'와 'FIFA 올해의 선수상'을 한 해에 모두 수상했다.

골도 기록하지 못한 채 8강에서 탈락하는 아쉬운 성적을 남긴다. 같은 FC바르셀로나 소속에, 스페인을 우승으로 이끈 안드레스 이니에스타Andres Iniesta, 사비 에르난데스, 또는 네덜란드 준우승을 일조하고 클럽팀에서 트레블을 달성한 베슬리 스네이더Wesley Sneijder가 2010년 'FIFA 발롱도르'에 더 어울린다는 여론이 충분히 일리가 있는 부분이다.

    더구나 2010년 'FIFA 발롱도르'의 투표 결과를 확인하면 수상자 기준이 논란일 수밖에 없다. '감독과 주장의 투표'를 제외한 '기자 투표'만 놓고 보면 스네이더, 이니에스타, 사비, 메시 순으로 2010년 이전이라면 스네이더가 발롱도르를 수상했을 것이다. '감독과 주장의 투표'로 인해 수상자는 스네이더에서 메시가 된 것. 기자 투표 1위를 기록한 스네이더가 'FIFA 발롱도르' 최종 3인에도 들어 가지도 못했다는 것은 선정 방식의 큰 문제로 보인다. 이런 부분 때문에 이름은 '발롱도르', 선정 방식은 '올해의 선수상'으로, 정체성의 의구심이 들 수밖에 없다.

    물론, 메시가 당시 거론된 선수들보다 더 큰 활약을 펼친 선수임에는 분명하다. 덧붙여 메시와 호날두, 이 두 선수가 그전 최다 수상자였던 반 바스텐, 요한 크루이프, 플라티니의 기록을 넘어섰다는 것*에 대해서도 충분히 인정할 수 있는 문제다. 다만 집고 넘어가야 할 점은 2008년부터 2016년까지 두 선수가 수상을 독식했다는 데에 있다. 과연 9년이란 시간 동안, 최고 권위의 월드컵 우승을 차지하고도 이 둘을 넘어 발롱도르를 수상할 선수가 단 한 명도 없었을까.

  * 호날두는 2008, 2013, 2014, 2016년에, 메시는 2009, 2010, 2011, 2012, 2015년에 발롱도르를 수상하며 이들은 3회에 그쳤던 최다 수상자 기록을 경신했다.

UEFA 5-Star Stadium
유럽 5성급 경기장

유럽 5성급 경기장이란 유럽축구연맹 UEFA에서 주관하는 대회인 챔피언스리그, 유로파리그의 결승전에 사용될 경기장 선별을 위한 '등급제'라고 생각하면 된다. 우리나라가 소속된 아시아축구연맹 AFC의 주관으로 이뤄지는 아시아 챔피언스리그는 결승에 진출한 두 팀의 홈 경기장을 모두 사용하지만 유럽의 경우는 2년 전부터 결승전 장소와 경기장을 미리 선정한다. 유럽을 제외한 다른 대륙별 축구연맹이 챔피언스리그 결승전 장소를 따로 선정하지 않는 이유는 제3지역에서 경기 흥행을 시키가 어렵기 때문이다. 그러나 국가가 인접해 있고 축구의 열기가 대단한 유럽에서는 시설 인증을 받은 제3의 경기장에서 결승을 치러도 완벽한 흥행이 보장된다.

  이는 유럽에서는 결국, 두 팀이 결승에 오르면 '제3지역이 결승전 장소'가 될 확률이 높다는 것을 뜻한다. 아무리 결승전에 많이 올라가도 자신의 홈 경기장이 '5성급'이 아니라면 결승전을 홈에서 치른다는 것은 사실상 불가능하다. 그러나 예외도 있는 법. 결승전이 '파이널 뮌헨 Final Munich 2012'였던 해에 바이에른 뮌헨이 결승에 오르며 자신의 홈 경기장에서 결승전을 치렀다. 맨체스터 유나이티드는 '파이널 맨체스터 Final Manchester 2003'이었던 해, 결승 진출에 실패했지만 '파이널 런던 Final London 2011'이었던 해에 결승에 오르며 자국에서 결승전을 치른 경험이 있다.

5성급 경기장은 유럽 내에 총 서른 개도 채 되지 않는다. 유럽에 수많은 축구팀이 존재한다는 것을 감안했을 때, 5성급 경기장이 되기는 하늘에 별 따기다. 과연 어떤 조건을 충족해야 하는지 주요 목록 몇 가지를 살펴보자.

UEFA 5성급 경기장이 되기 위한 요구 사항:
- 최소 수용 인원은 5만 명.
- 관중석은 등받이가 있는 개별 의자.
- 필드Field의 크기는 105×68미터.
- 필드와 관중석 간의 최소 거리는 측면을 따라 6미터.
- 필드 주위에는 펜스Fences가 없어야.
- 심판과 선수들이 사용할 각각의 최고급 드레싱룸Dressing Room은 면적 100제곱미터에, 동일한 밝기를 유지.
- 주차장에서 드레싱룸으로, 이러한 시설에서 필드까지 선수와 심판에게 안전한 경로를 확보.
- 도핑 테스트Doping Test에 적합하고 잘 갖추어진 장소 필요.
- 경기장 모든 공공장소와 그 주변의 상황을 볼 수 있는, 선명한 화질을 제공하는 감시카메라CCTV 설치.
- 경기장 부근 공공장소와 주변은 국제적 언어로 된 간판 또는 표지판 사용.
- 경기장은 VIP 라운지Lounge 내에 최소 200석을 포함하여, 최상의 VIP 공간을 제공. 양 팀을 위한, 400명을 수용할 수 있는 추가 접대 공간 필요.

…

그 외에도 화장실, 장애인 시설, 전문 지식이 필요한 조명, 스피커, 카메라, 방송을 위한 TV 스튜디오, 미디어 담당자에 대한 요구 사항이 있다.

챔피언스리그 결승전 유치를 위한 추가 요구 사항:
- 하루 80편의 전세기를 추가로 제공할 수 있는 연중무휴의 국제공항. 공항은 경기장과 인접해야 한다.
- 호텔 객실은 1,000개가 넘는 5성급 호텔. 그보다 낮은 호텔의 추가 수용력도 필요. 결승전이 열리는 경기장 근처에 4,000명을 수용할 충분한 숙박시설 필요.

이러한 조건을 충족시키는 경기장은 독일과 스페인이 다섯 개, 이탈리아 세 개, 잉글랜드 두 개, 프랑스 한 개가 있다. 이 중에서 스페인 바르셀로나의 홈 경기장 캄프 누 Camp Nou가 9만 8,000명 이상 관중을 수용하면서 유럽에서 가장 큰 규모를 자랑한다. 미국에 있는 10만 명 이상의 경기장이 미식축구와 축구를 병행해서 사용한다면 캄프 누는 축구전용구장임을 기억해 둘 필요가 있다. 그 외에 잉글랜드 국가대표팀과 클럽팀 대회 결승전으로 사용하는 웸블리 스타디움 Wembley Stadium은 9만 명을 수용한다. 8만 명 규모의 경기장은 레알 마드리드의 홈 경기장 산티아고 베르나베우 Santiago Bernabéu, AC밀란과 인터밀란의 산 시로 San Siro, 도르트문트의 지그날 이두나 파크 Signal Iduna Park, 프랑스 국가대표팀의 스타드 드 프랑스 Stade de France가 대표적이다.

여기서 의아한 점은 축구 종주국인 잉글랜드의 5성급 경기장이 단 두 개에 그친다는 점이다. 앞서 말한 웸블리 스타디움을 제외하면, 클럽팀 소유의 경기장 중에서는 맨체스터 유나이티드의 7만 5,000명을 수용하는 올드 트래포드가 유일하다. 물론 웨일스, 스코틀랜드를 포함하면 영국 내에서 5성급 경기장이 적은 수는 아니지만 잉글랜드만 놓고 본다면 확실히 의문점이 드는 숫자다.

유럽 5성급 경기장

잉글랜드가 독일, 스페인, 이탈리아에 비해 5성급 경기장이 적은 이유는 역사 깊은 경기장을 그대로 두고 필요하면 증축을 하는 방식을 유독 많이 선택하기 때문이라 할 수 있다. 올드 트래포드를 포함한 뉴캐슬의 세인트 제임스 파크 St. James' Park, 리버풀의 안필드 Anfield 등 경기장의 위치와 역사를 그대로 두는 증축을 선택했다. 그 외에 잉글랜드의 대표 클럽팀인 맨체스터 시티는 앞으로 증축을 계획하고 있다. 그래서인지 잉글랜드는 다른 나라의 경기장에 비해 독특한 형태인 '비대칭적 외관'이 탄생하곤 한다.* 이러한 증축 방식이 5성급 경기장에 부적합한 근본적인 이유는 경기장 관중 수만 극복할 수 있을 뿐, 챔피언스리그의 최종 요구 사항인 '국제공항이 경기장에 인접'해야 한다거나 '80편 이상의 전세기를 수용 가능'해야 하는 외부 요건을 충족시키지 못하기 때문이라 할 수 있겠다. 그래서 잉글랜드에는 시설 좋은 경기장이 많음에도 불구하고 5성급보단 4성급 경기장**이 유럽 내에 가장 많다.

위 사례를 참고했을 때, 증축의 걸림돌이 더 많은 잉글랜드 클럽팀 중에서는 과감히 새로운 경기장을 짓거나 옮겨가는 경우가 많아지는 추세다. 대표적으로 아스날의 경우 1913~2006년까지 사용한 하이버리 Highbury 에서 에미레이츠 스타디움으로 옮겼다. 웨스트햄 유나이티드도

* 스페인의 캄프 누와 산티아고 베르나베우 등 유럽에 대부분의 경기장도 증축을 했지만 잉글랜드처럼 비대칭적인 모습은 보이지 않는다. 대표적으로 캄프 누는 디자인 형태에 변화가 없는 완성형 상태로 증축을 계획했다. 반면 잉글랜드의 올드 트래포드와 세인트 제임스 파크, 안필드는 현재도 디자인이 완결되지 않은 비대칭 형태다.
** 3만 명 이상의 경기장으로 5성급보다 덜 까다로운 기준으로 심사된다.

1904~2016년까지 사용한 불린 그라운드Boleyn Ground를 떠나 런던 올림픽 스타디움London Stadium으로 옮겼을 뿐만 아니라, 엠블럼에 있던 불린 그라운드의 이미지 형상도 2017년부터는 사용하지 않게 됐다. 잉글랜드 축구의 성지인 웸블리 스타디움도 2000년에 폐장하고 2007년에 재건축 완공을 하여 지금의 위상을 갖추게 됐다.

축구에서 경기장 규모와 시설은 중요한 문제다. 국제축구연맹 FIFA에서 주관하는 월드컵에서도 다르지 않다. 거창하게 '5성급 경기장'이란 단어는 사용하지 않지만 관중석 규모에 대한 기준이 존재한다. 개최지에서 결승전에 사용될 7~8만 명 이상 규모의 경기장이 한 개, 준결승을 치를 수 있는 6만 명 규모의 경기장이 한 개가 필요하다. 그 외 토너먼트와 조별리그 경기는 4만 명 규모의 경기장이어야 한다. FIFA가 주관하는 청소년 대회인 U-20 월드컵도 마찬가지다. 우리나라는 2017년 U-20 월드컵을 개최했다. 도시는 수원, 전주, 인천, 대전, 천안, 제주로 총 여섯 개 지역에서 치러졌다. 인천은 2만 명 규모의 축구전용구장 숭의 아레나 파크Sungui Arena Park가 주요 경기인 개막전이나 결승전을 유치할 것을 기대했지만, 정작 전주월드컵경기장과 수원월드컵경기장에서 각각 개막전과 결승전이 치러졌다. 인천이 이 주요 경기를 치르지 못한 이유는 간단했다. FIFA가 원하는 기준은 4만 명 이상 규모의 경기장에 방송 장비와 차량 출입이 원활해야 한다는 기준이 있었고, 이 부분에서 합당하지 못하다는 판단에 인천은 조별리그와 토너먼트 경기만 치르게 됐다.

따라서 큰 대회를 치르기 위해서는 큰 경기장은 필수다. 하지만 대회가 끝난 다음, 경기장에 대한 활용

대비가 꼭 필요하다는 점을 잊어서는 안된다. 자국리그의 수준과 평균 관중이 높은 유럽의 경우는 증축을 하던, 새로운 경기장을 짓던 큰 문제가 없다. 그러나 2002년 월드컵을 개최한 우리나라의 경우는 6만 명 규모의 경기장이 두 개나 있고 그 외 여덟 개 경기장이 4만 명 규모를 가졌지만, K리그 관중수는 그에 비해 턱없이 부족해 경기장이 텅텅 빌 뿐이다. 이에 대한 임시방편으로 FC서울과 수원 삼성은 경기장 2층을 현수막으로 꾸미고 1층만 개방하는 운영을 시작했다. 제주월드컵경기장의 경우도 4만 명이던 규모를 월드컵 이후 가변석을 철거하며 3만 명 규모로 축소했다. 이런 노력에도 불구하고 이익은커녕, 서울을 제외한 모든 월드컵경기장은 적자 상태를 면치 못하고 있다.

그럼에도 우리나라는 2002년 이후, 또다시 월드컵 단독 개최를 희망하고 있다. 2022년 월드컵의 개최국이 카타르가 되면서 짧은 시간 안에 월드컵 유치가 쉽지 않다는 것을 깨달았지만, 우리나라가 단독 개최를 할 경우에 이미 존재하는 6만 명 규모의 경기장을 '최소' 증축을 해야 한다는 점을 잊어서는 안될 것이다. 지금도 벅찬 규모를 가지고 있으면서 더 큰 규모의 경기장을 만들어야 한다는 아이러니를 낳게 되는 셈이다. 이와 반대로 현재 K리그는 앞서 말한 것처럼 FC서울과 수원 삼성이 2층을 통제하고 있다. 뿐만 아니라 인천 유나이티드는 월드컵이 열렸던 큰 규모의 경기장을 떠나 2만 명 정도의 소규모 축구전용구장을 사용 중에 있으며, 대구FC와 광주FC도 소규모 축구전용구장 건설을 계획하고 있다. 이미 2만 명 미만의 소규모 축구전용구장을 사용하는 팀은 전남 드래곤즈의 광양축구전용구장과 경남FC의 창원축구센터가 대표적이다. K리그에서는 2002년의 '부흥기'가 끝나고 '관중 수에 맞는 경기장을 찾자'는 분위기가 지배적임을 알 수 있는 대목이다.

Disaster
참사

2016년 11월 28일. 브라질 리그인 캄페오나투 브라질레이루 세리이A Campeonato Brasileiro Série A의 샤페코엔시가 코파 수다메리카나 —남미 유로파리그— 결승, 콜롬비아의 아틀레티코 나시오날과 경기를 갖기 위해 메데인 Medellín 공항을 향하는 비행기를 탔고, 그 비행기가 콜롬비아의 북서부 산악 지역에 추락하는 사고가 발생했다. 사망자가 일흔한 명에 달하며 선수 생존자는 단, 세 명에 불과하다.

    1973년에 창단한 샤페코엔시는 오랜 시간 하부리그에 있다가 2014년에 브라질 1부리그 세리이A에 올라왔다. 승격 2년 만에 코파 수다메리카나 결승에 오르는 저력을 보여줬지만, 그들은 첫 클럽대항전 결승전을 비행기 참사로 치르지 못하게 됐다. SNS를 통해 샤페코엔시를 추모하는 행렬이 세계 각지에서 이어졌고 브라질 대통령은 3일 동안 국가 애도의 기간으로 지정해 아픔을 함께 했다. 참사 이틀 뒤인 11월 30일에는 샤페코엔시 홈 경기장인 아레나 콘다 Arena Condá 에 2만 2,000명의 팬들이 모여 추모식을 열었다. 결승전의 상대팀 콜롬비아의 아틀레티코 나시오날은 우승 타이틀을 샤페코엔시에게 주겠다고 선언한다. 남미축구연맹 CONMEBOL은 고심 끝에 이를 받아들인다. 아틀레티코 나시오날에게 페어플레이상 Fair Play Trophy 이 주어지며 샤페코엔시에겐 챔피언 자격과 우승 상금으로 작은 위로를 건넸다.

세계 축구계는 경기 시작 전에 묵념을 하는 것은 물론, 검은색 완장을 차고 애도를 표했다. K리그도 예외는 아니었다. 2016년 FA컵 결승 2차전 FC서울과 수원 삼성의 '슈퍼 매치'에서 애도의 시간을 갖고 경기에 임했다. AC밀란은 FC크로토네와 리그 경기에서 유니폼 오른쪽 팔 소매 부분에 샤페코엔시의 엠블럼을, 등번호 밑에는 '전지하라 샤페 Força Chape'라는 문구를 넣어 경기를 치렀다. 이 유니폼은 기증으로 이어졌다.

축구계 참사하면 크게 두 가지로 나눌 수 있다. 첫 번째는 경기장의 시설 관련 문제와 더불어 너무 많은 관중이 몰려 생기는 '압사 사고'와 두 번째는 샤페코엔시와 같은 '비행기 사고'다. 우선 이야기를 꺼낸 '비행기 참사'에 대해 더 알아보기로 하자. 축구계의 처음 비행기 참사가 일어난 것은 대략 70년 전으로 거슬러 올라가야 한다.

첫 비행기 참사는 1949년 5월 4일, 토리노FC가 포르투갈에서 벤피카와 경기를 마치고 이탈리아로 돌아오는 길에 발생했다. 악천후로 인해 가시거리가 확보되지 못한 상황에서 수페르가 Superga 언덕의 바실리카 Basilica 성당과 충돌하며 서른한 명이 사망했다. 구단 관계자를 포함한 코칭스태프 여섯 명과 선수단 열여덟 명이 사망하며, 토리노FC는 큰 충격과 시련에 맞닥뜨리게 된다. 이 참사로 4년 연속 우승을 이끈 주장 발렌티노 마촐라 Valentino Mazzola 등 주축 선수를 잃으며 구단의 암흑기를 보낸다. 큰 시련에도 불구하고 토리노FC는 참사가 있던 1949년까지 우승을 추가하며 리그 5년 연속 우승이라는 업적을 남기지만, 다시 우승하기까지 26년이란 시간이 걸린다. 현재 수페르가 언덕 바실리카 성당 한편에는 추모비가 세워져 있다.

두 번째 비행기 참사는 1958년 2월 6일, 맨체스터 유나이티드에게 일어났다. 챔피언스리그의 전신인 유러피언컵 원정 경기를 승리로 이끌며 준결승 진출을 확정 지은 후였다. 비행기는 맨체스터로 향하는 길에 뮌헨에서 중간 급유를 하고, 이륙을 시도하다가 공항 담장에 부딪쳐 민가에 추락한다. 설상가상 인근 창고로 인해 폭발까지 일어났다. 그 후 밝혀진 원인은 녹은 눈과 짧은 활주로로 인해, 이륙할 때 충분한 속도를 낼 수 없던 것으로 드러났다. 이 사건을 '뮌헨 비행기 참사'라고 부른다. 샤페코엔시 비행기 참사가 있기 전에 우리나라의 박지성이 맨체스터 유나이티드에 뛰면서 비교적 잘 알려진 참사라고 할 수 있다. 이 참사로 인해 맨체스터 유나이티드는 여덟 명의 선수를 잃었다. 던컨 에드워즈 Duncan Edwards는 사고 당시에는 살아남았지만 15일 후에 병원에서 사망하여 많은 사람의 마음을 아프게 했다. 참사의 생존자인 보비 찰튼과 감독 맷 버스비 Matt Busby는 아픔을 이겨내고 10년 후인 1968년에 팀 최초로 유러피언컵 우승을 차지하며 첫 전성기를 구가한다.

맨체스터 유나이티드의 홈 경기장인 올드 트래포드에는 뮌헨 참사에 대한 추모비가 곳곳에 세워져 있다. 동쪽 관중석 입구 벽면에는 선수의 이름이 새겨진 추모비와 참사 당시 날짜와 시간을 적어놓은 '메모리즈 클락 Memories Clock'이 있다. 맨체스터 지역뿐만 아니라 사고 당시 민가였던 트루더링 Trudering 마을에도 나무로 된 추모비가 있고, 2004년에 뮌헨 공항 근처에도 추모비가 세워졌다. 맨체스터 유나이티드는 2014년 챔피언스리그 8강 뮌헨 원정을 가며 선수단이 추모비에 방문하기도 했다. 2008년은 참사 50주기을 맞는 해로 올드 트래포드 내에 '뮌헨 터널 Munich

Tunnel'이라는 장소를 만들었고, 당시 2월 10일 맨체스터 더비 경기에서는 스폰서가 없는 '올드Old 유니폼'을 입고 경기에 임했다. 경기는 2:1로 맨체스터 유나이티드의 패배로 끝났지만, 경기 시작 전 묵념도 경건하게 이뤄졌다는 점에서 의미 있는 경기였다. 또한 영국 방송 BBC2는 〈유나이티드United, 2011〉라는 뮌헨 비행기 참사에 대한 드라마를 만들어 참사에 대해 잘 알 수 없던, 현시대의 축구팬에게도 그 역사를 쉽게 전해주는 역할을 하기도 했다.

그 외에도 남미에서는 1987년 12월 8일. 페루 프리메라 디비시온Primera División del Perú의 알리안자 리마도 비행기 참사를 당했으며, 아프리카에서는 잠비아 대표팀이 1993년 미국 월드컵 예선을 치르기 위해 세네갈로 이동 중에 비행기 참사를 당했다.

이제부터 알아볼 참사는 '압사'와 관련된 사고다. 비행기 참사가 축구선수와 구단 관계자를 포함한 기자가 피해자라면 압사로 인한 참사는 경기장에 찾아온 관중에게 일어난 피해 사고다.

첫 사건은 '아이브록스Ibrox 1차 참사'로, 1902년 4월 5일에 일어나며 사망자 스물다섯 명, 부상자가 500여 명에 달했다. 6만 8,000명의 관중이 스코틀랜드와 잉글랜드 간의 경기를 보기 위해 아이브록스 스타디움Ibrox Stadium을 찾았다. 철근 위에 목재로 만들어진 관중석에는 예상보다 많은 관중이 몰렸고, 그 무게를 견디지 못해 무너져 12미터 아래로 추락하며 많은 사람이 깔리게 된 사건이다. 레인저스FC의 홈 경기장인 아이브록스 스타디움은 불행하게도 1971년 1월 2일에도 또 한 번 참사가 일어난다. '아이브록스 2차 참사'는 셀틱과의 '올드펌Old Firm 더비'에서 발생했다.

89분에 터진 셀틱의 골로 패배를 직감한 레인저스FC 팬들은 경기장을 빠져나가는 중이었지만 종료 직전에 터진 동점골로 인해 흥분하며 재입장한다. 그 상황에서 나가려는 관중과 재입장하려는 관중이 계단에서 부딪히며 큰 혼란을 일으켰다. 철제로 된 게이트Gate가 무너지면서 200여 명의 관중들은 넘어지며 크고 작은 부상을 입었고, 결국 예순여섯 명의 관중은 목숨을 잃게 된다.

아이브록스 1, 2차 참사 중간에는 번든 파크Burnden Park 참사가 일어났다. 1946년 3월 9일, 볼튼 원더러스와 스토크 시티의 FA컵 8강 2차전에 8만 5,000명의 많은 관중이 몰리면서 참사가 발생한 것이다. 볼튼 원더러스의 홈 경기장인 번든 파크의 총 관중수가 2만 5,000명인 것을 감안하면 엄청난 관중이 몰렸다는 것을 실감할 수 있다. 그 많은 관중들은 담장과 출입문을 넘어 입장하게 되고, 결국 장벽이 무너지며 한 장소에 몰려 압사를 당하게 된다. 400여 명이 부상을 당하고 서른세 명의 사망자가 발생했다.

볼튼 원더러스는 번든 파크를 1996년까지 사용한 후, 1997년부터는 리복 스타디움Reebok Stadium으로 옮겨 시즌을 보내게 된다. 세월이 흘러, 2013년 3월 29일 풋볼리그 챔피언십—잉글랜드 2부리그— 브라이튼 앤 호브 알비온과 경기에서 번든 파크 참사에 대한 묵념이 생략되며 팬들에게 큰 질타를 받았다. 그러나 2015년에는 번든 파크 참사 70주기를 맞아 자선 한정판 유니폼 1,000벌을 판매하고 자선단체에 기부하기도 했다. 이 유니폼은 목뒤에는 번든 파크 참사의 날짜를, 목 안쪽에는 '리멤버링 더 33 Remembering the 33'이라는 문구를 넣었을 뿐만 아니라 유니폼 앞면과 뒤면에는 사망한 서른세 명의 관중 이름을 넣었다.

리버풀은 '헤이젤Heysel 참사'와 '힐스보로 Hillsborough 참사' 두 가지 참사를 겪게 된다. 스코틀랜드 아이브록스에서 두 번의 참사가 일어났지만 첫 번째는 국가대항전에서, 두 번째는 클럽팀 경기에서 사건이 일어났다는 점에서 리버풀과는 다른 경우라고 할 수 있다. 하지만 리버풀이 겪은 두 참사에서도 차이점은 있다. 이를테면, 헤이젤 참사는 '참사의 가해자'였다면 힐스보로 참사는 '참사의 당사자'가 되었다는 점일 것이다.

헤이젤 참사는 1985년 5월 29일. 벨기에 헤이젤 스타디움Heysel stadium에서 열린 유러피언컵 결승, 유벤투스와 경기에서 일어난다. 당시 리버풀이 소속된 잉글랜드 리그 응원 문화에는 '훌리건Hooligan*'이 등장했고, 유벤투스가 소속된 이탈리아 리그 응원 문화에는 '울트라스Ultras**'가 등장하며 서로 간에 라이벌 의식이 점점 고조되고 있을 때였다. 그날 리버풀 훌리건들은 쇠 파이프나 각목을 들고 경기장에 들어와, 철조망을 뚫고 중립 지역을 지나 유벤투스 팬들이 있는 지역을 침범하여 폭력을 행사했다. 이에 맞서 싸우는 유벤투스의 울트라스도 있었지만, 대부분의 중립지역 관중과 유벤투스 팬들은 폭행을 피하기 위해 출구 쪽으로 자리를 옮기게 된다. 그 과정에서 7미터의 콘크리트 벽이 무너지며 서른아홉 명이 사망***하고 400여 명의 부상자가 발생했다. 스물아홉 명의 리버풀 훌리건들은 구속되고 잉글랜드의

  * 경기장에서 난동을 부리는 축구팬.
 ** 조직적으로 응원하는 문화. 우리나라의 붉은악마와 K리그 응원
    문화는 이 '울트라스'의 영향을 받았다.
*** 벨기에인, 프랑스인, 북아일랜드 출신을 포함한 이탈리아인
    32명이 사망했다.

모든 팀은 5년간, 리버풀은 7년간 유럽축구연맹 UEFA가 주관하는 대회에 참가할 수 없게 된다.

    이 사건은 가해자인 리버풀의 몇몇 훌리건으로 인한 사건으로, 리버풀 자신에게도 상처로 돌아온 일이 아닐 수 없다. 그 이후, 잉글랜드에서는 훌리건으로 인한 사건을 줄이고자 건전한 축구 문화를 만들기 위해 노력한다. 그러나 헤이젤 참사에서도 경기장 문제와 경비에 대한 문제을 집고 넘어가야 한다. 유럽에서 최고의 권위를 자랑하는 유러피언컵 결승이 열리기엔 경기장 시설이 좋지 않았던 점과 훌리건들이 중립 지역과 타 응원 지역에 쉽게 침범할 수 있었던 점은 주최하는 쪽에도 참사를 더 키웠다는 것을 부정하긴 어려울 것이다.

    이런 큰 참사가 있었음에도 당일 경기는 유벤투스가 리버풀을 1:0으로 이기며 마무리된다. 세월이 흐른 2005년, 리버풀과 유벤투스는 챔피언스리그 8강에서 만나 대결하게 된다. 리버풀은 1차전 홈 경기에서 헤이젤 참사와 관련된 추모 행사를 갖고, 이탈리아어로 '우정 Amicizia'를 카드섹션 Card Section 으로 선보이며 화해의 손길을 뻗었다. 그러나 당시 경기장을 찾은 유벤투스 팬들은 등을 돌리고 양손을 뻗어 손가락 욕설로 대응한다. 피해자 입장에서 가해자의 화해를 받아들이기란 쉽지 않았다. 그럼에도 불구하고 두 구단은 더 이상의 참사를 막기 위해 서로 노력한다. 8강전 2차전에서 유벤투스의 연고인 이탈리아 토리노 Torino 시장은 경기가 "화해의 장이 되어야 한다"고 말했으며, 팬들에게는 비판적인 격렬한 응원을 자제할 것을 부탁한다. 리버풀은 경기장 내에 추모 현판을 걸며 아픈 역사를 잊지 않겠다는 것을 분명히 했다.

힐스보로 참사는 FA컵 4강 힐스보로 스타디움 Hillsborough Stadium 에서 열린 리버풀과 노팅엄 포레스트 경기에서 발생했다. 경기 시작 전, 경기장 밖에는 많은 리버풀 팬이 몰렸고, 경찰은 신속한 입장을 위해 출구로 사용되던 입구를 개방한다. 일반적으로 입장이 되던 문은 회전문으로 입장객이 몰리는 것을 방지했다면 출구로 사용되던 일반 입구는 한꺼번에 더 많은 사람을 몰리게 했다. 또한 스탠딩석 Standing 으로 향하는 터널은 너무 좁았고, 터널 뒤쪽은 앞쪽의 관중석에 얼마나 많은 인원이 들어왔는지 알 수 없는 상황에서 계속 앞으로 밀고 들어갔다. 당시 훌리건들의 경기장 난입 문제를 해결하기 위해 관중석 앞쪽에 철조망 펜스를 쳐놨는데, 이것이 되려 압사의 큰 원인이 된다. 이 참사는 BBC의 뉴스 프로그램 〈그랜드스탠드 Grandstand〉에 고스란히 생중계가 되며 큰 충격을 안겼으며, 경기 당일 아흔네 명의 리버풀 팬이 사망했다. 추가로 4일 후에는 열네 살 소년이 병원에서 사망하고 4년 동안 혼수상태로 있던 환자가 세상을 떠나면서 힐스보로 참사의 희생자는 총 아흔여섯 명이 됐다. 이는 지금까지 언급된 참사 중에 가장 높은 사망률이다.

힐스보로 참사 이후로 관중석의 철조망을 없애고, 스탠딩석을 모두 폐지했다. 경기장에 있던 경찰들의 대처가 더 좋았으면 희생을 줄일 수 있었다는 것이 많은 사람들에 의견이다. 그러나 당시 일부 경찰과 미디어에서는 리버풀 팬의 문화 의식을 문제 삼으며 논지를 흐렸다. 이 힐스보로 참사는 결국 '단순 사고' 처리가 됐고, 희생자 유족들은 경찰이 진상을 숨기려 한다고 분노하며 진상을 밝히라는 캠페인 Campaign 을 진행한다. 이런 노력 끝에 27년이 지난 후,

경찰에게 '과실 치사'가 있었음을 인정하는 평결이 나와
희생자에게 작은 위로가 되기도 했다.

리버풀은 엠블럼 양쪽에 횃불을 형상화하며 희생자를
기리고 있다. 또한 25주기에는 힐스보로 패치Patch를 만들어
유니폼에 부착했으며 패치 판매 수익은 희생자에게
기부했다. 리버풀은 2012년부터 특별한 주기가 아니더라도
유니폼 뒷면 목부분에 횃불과 숫자 '96'를 형상화한 문양을
꾸준히 새기고 있다. 리버풀뿐만 아니라 프리미어리그
2013-14시즌에서도 힐스보로 참사를 기리기 위해
34라운드의 킥오프Kick-Off를 원래 시각보다 늦은 7분 후에
치르기도 했다. 이는 참사 당시 시작 6분 만에 경기가
중단된 것을 착안한 것이다.

지금까지 살펴본 참사 외에도 1985년에
브래드포드Bradford 화재 참사가 있었고 러시아에서는
루츠니키Luzhniki 참사, 이집트에서도 경찰과 관중이 충돌한
일까지 무수히 많다. 세계 곳곳에서 일어난 축구계 참사는
미리 예방할 수 있었음에도 실망스러운 대응으로 더 큰
피해가 발생했다는 점에서 큰 상실감을 남긴다.

Fergie's Fledglings
퍼기의 아이들

퍼기Fergie*의 아이들이란 1986년 알렉스 퍼거슨Alex Ferguson이 맨체스터 유나이티드에 감독 부임한 이후, 유스팀에서 성인팀 주전급으로 성공한 선수들을 뜻한다. 퍼기의 '아이'가 아닌 '아이들'에서 알 수 있듯이, 유스 출신 한두 명이 성공했다고 이 표현을 쓰기에는 부적합하다.

퍼거슨 부임 27년 동안 가장 성공한 퍼기의 아이들은 1998-99시즌 '트레블'의 중심에 있는 라이언 긱스, 니키 버트Nicky Butt, 데이비드 베컴, 게리 네빌Gary Neville, 필 네빌Phil Neville, 폴 스콜스Paul Scholes로 알려져 있다. 그 외에도 '퍼기의 아이들'로 불릴만한 선수들은 80년대에 리 샤프Lee Sharpe가, 2000년대에는 웨스 브라운Wes Brown, 존 오셔John O'Shea, 대런 플레처Darren Fletcher가 있었지만 팀의 기여도나 성과를 봤을 때, 앞서 언급된 여섯 명을 지칭하는 단어라고 봐야 한다. 맨체스터 유나이티드를 포함한 다른 클럽팀의 역사를 살펴봐도, 유스 출신 선수 여럿이 비슷한 시기에 성인 무대에 데뷔하고 월드클래스World-Class급의 선수로 발전한 사례는 굉장히 이례적이라고 할 수 있다.

'퍼기의 아이들'을 다른 말로는 '더 클래스 오브 92 The Class of 92'라고 표현하기도 한다. 맨체스터 유나이티드에게 1992년은 '퍼거슨의 첫 리그 우승'과 '26년 만에 1부리그

* 알렉스 퍼거슨 감독의 애칭.

우승'이라는 타이틀을 얻었고, 동시에 퍼기의 아이들이 'FA 유스컵 Youth Cup' 우승을 달성한 연도이기 때문이다. 이 단어는 퍼기의 아이들을 주제로한 다큐멘터리 Documentary 영화 《더 클래스 오브 92 The Class of 92, 2013》에 제목이 되기도 한다.

유스팀 이후, 퍼기의 아이들인 여섯 명의 선수는 1995-96시즌이 되면서 모두 주전 자리에 오르게 된다. 라이언 긱스는 주전이었던 리 샤프의 부상으로 다른 퍼기의 아이들에 비해 빠른, 1991-92시즌부터 성인팀 주전으로 활약하게 된다. 니키 버트는 1994-95시즌에 리그에서만 스물두 경기에 출전해 주전을 굳혔고, 당시 게리 네빌과 폴 스콜스는 리그 열여덟, 열일곱 경기를 출전하며 시험 무대를 선다. 그렇게 1995-96시즌에는 게리 네빌과 필 네빌, 폴 스콜스, 데이비드 베컴이 리그에서만 스무 경기 이상을 소화하며, 모든 퍼기의 아이들은 주전 위치에 올라선다. 당시 이들이 주전이 될 수 있었던 가장 큰 이유는 기존 선수들의 이적과 에릭 칸토나의 출전 정지*를 꼽을 수 있다. 당시 긱스를 제외하곤 완벽하게 검증이 안된 선수다 보니 1995-96시즌 개막경기에서 패배했고, 미디어에서는 어린 선수 구성으로 우승을 할 수 없다는 비관적인 이야기가 나왔다. 하지만 예상과는 달리 퍼기의 아이들은 완벽하게 성인팀에 적응하며 그해 프리미어리그 우승을 이끈다.

당시 맨체스터 유나이티드는 기존에 있던 브라이언 롭슨, 폴 인스 Paul Ince, 마크 휴즈 Mark Hughes 를 다른 팀으로

---

* 칸토나는 1995년 1월에 크리스탈 팰리스와 원정 경기에서 선수를 가격하고 레드카드 Red Card 를 받은 후, 관중의 욕설을 참지 못하고 관중에게 직접 '쿵푸킥'을 날려 9개월 출장 정지를 받아 1995-96시즌 초반에 나올 수 없었다.

보냈고 1995-96시즌을 함께한 스티브 브루스Steve Bruce도 버밍엄 시티로 이적했다. 1998년에는 에릭 칸토나 마저 은퇴하게 된다. 그 자리에 올레 군나르 솔샤르Ole Gunnar Solskjaer, 로니 욘센Ronny Johnsen, 테디 셰링험Teddy Sheringham, 야프 스탐Jaap Stam, 드와이트 요크Dwight Yorke를 1996~1998년 사이에 모두 영입한다. 이들의 활약과 퍼기의 아이들의 활약 — 퍼거슨의 완벽한 리빌딩Rebuilding — 으로 맨체스터 유나이티드는 1998-99시즌을 챔피언스리그, 프리미어리그, FA컵을 우승하며 '트레블'을 달성한다. 퍼기의 아이들의 전성기는 이걸로 끝나지 않고 새로운 밀레니엄Millennium 시대인 2000, 2001년 우승을 포함하여 3년 연속 프리미어리그 정상을 유지한다.

90년대 중·후반과 2000년대 초반을 함께한 퍼기의 아이들은 2000년대 중반이 되어서야 이적하는 선수들이 생긴다. 첫 번째 선수는 2003-04시즌에 레알 마드리드로 이적하게 된 데이비드 베컴이다.

베컴은 떠나기 전, 퍼거슨과 불화설이 발생한다. 퍼거슨의 자서전『알렉스 퍼거슨: 나의 이야기』Alex Ferguson: My Autobiography. 문학사상, 2015』에서 베컴이 경기장에서 활동량이 적어진 것과 축구선수보다 유명인이 되려 했던 것, 헤어스타일을 언론에 깜짝 발표하기 위해 공들였던 일에 대해 언급하며 불화의 정점인 '축구화 사건'이 있기 전부터 서로 마찰이 있었음을 시사한다.

2:0으로 형편없이 패배한 2002-03시즌 FA컵 아스날과 16강전에서는 '축구화 사건'이 일어난다. 드레싱룸에서 퍼거슨은 베컴에게 두 번째 실점장면에 대해 화를 낸 후, 축구화를 걷어 찬 게 베컴의 눈썹을 향하게 됐다. 그렇게 둘의 관계는 돌이킬 수 없는 강을 건너게 되며 레알 마드리드로

이적하게 된다. 그러나 시간이 흐른 후, 베컴은 친정팀에 대한 애정과 퍼거슨에 대한 존경을 표했고, 퍼거슨도 베컴에 대해 좋은 선수라고 언급하며 '축구화 사건'은 일단락 된다.

다음에는 니키 버트와 필 네빌이 주전 경쟁에 밀리면서 팀을 떠나게 된다. 필 네빌은 에버튼으로 이적 후 주장까지 맡게 되며, 2013년에는 선수 생활을 마감하고 맨체스터 유나이티드 코치Coach로 복귀한다. 니키 버트는 뉴캐슬 유나이티드로 이적해서 버밍엄 시티 임대를 거치기도 했다. 자신의 마지막 축구 생활을 홍콩 1부리그에서 끝마친 후, 그 역시 2012년에 코치로 팀에 복귀한다.

퍼거슨은 팀의 주축인 퍼기의 아이들 일부를 보냈지만 남은 이들과 또 한 번의 리빌딩으로 위기를 극복한다. 2002-03시즌부터 존 오셔를 주전급으로 올리고, 베컴이 없는 2003-04시즌에는 크리스티아누 호날두를 영입한다. 니키 버트와 필 네빌이 나간 2004~2006년 사이에는 에드윈 반 데 사르Edwin van der Sar, 박지성, 패트릭 에브라Patrice Evra, 네마냐 비디치Nemanja Vidic, 마이클 캐릭Michael Carrick을 영입하며, 퍼거슨은 2008년 자신의 두 번째 챔피언스리그 우승에 이바지한 선수들을 구성해낸다. 리빌딩을 실현해 또 한 번의 전성기를 만들어낸 퍼거슨의 지략이 엄청난 평가를 받았으며, 그 중심에는 베테랑이 된 퍼기의 아이들 라이언 긱스, 게리 네빌, 폴 스콜스를 빼놓을 수 없다.

2005년 로이 킨Roy Keane이 이적한 후, 게리 네빌은 주장직을 이어받았다. 그의 포지션Position은 윙백Wing Back이지만, 공격수가 극적인 골을 성공시키면 팀의 애정을 드러내며 엠블럼 세레모니Ceremony를 서슴지 않았다. 2006-07시즌에 부상을 당하며 경기력 저하로 출전 기회를 많이 잡지는 못했지만 팀의 정신적 지주로 많은 영향을 끼쳤다. 게리 네빌의 2011년 은퇴 경기에서는 퍼기의 아이들이 모두 모여 우정을 과시했다. 킥오프 전에는 '퍼기의 아이들'의 대표적인 사진*을 재현해서 화제가 되기도 했다.

여담이지만, 1995년에 찍힌 퍼기의 아이들 사진에는 사실 한 사람이 더 있었다. 테리 쿠크Terry Cooke라는 선수가 그 주인공으로, 1995년 FA 유스컵 우승 당시 멤버였으나 베컴과 포지션 경쟁에서 밀려 이적하게 된다. 현재 인터넷에 돌아다니는 1995년 퍼기의 아이들 '사진'은 테리 쿠크를 크롭Corp 한 사진이다.**

폴 스콜스는 2008년 챔피언스리그 준결승 바르셀로나와 경기에서 중거리 슈팅을 성공시키며 1, 2차전 유일한 득점으로 결승 진출에 큰 기여를 한다. 중원에서 월드클래스의 경기력을 꾸준히 유지하고 2010-11시즌이 끝난 후에 은퇴식을 가진 스콜스는 코치 생활을 시작한다. 그러나 퍼거슨은 다음 시즌 부진에 빠지자 스콜스를 다시 선수로 복귀 시킨다. 그는 신인 때 달던 22번을 선택해 그의 두 번째 은퇴 시즌을 보냈다. 이때 퍼거슨도 함께 은퇴하게 된다. 은퇴를 앞두고 팀에 맞는 선수를 어렵게 찾는 것보단, 10년 넘게 함께해 온 스콜스와 자신의 감독 생활을 마무리하는 것이 더 좋다고 판단한 듯하다.

왼쪽 측면에서 엄청난 속도의 드리블을 보여주던 라이언 긱스는 나이가 들면서 중앙 미드필더에서 경기

* 1995년에 찍은 긱스, 버트, 베컴, 게리 네빌, 필 네빌, 스콜스가 차례로 서 각각 앞사람의 어깨에 팔을 올리고 찍은 사진.
** 테리 쿠크는 2009년 1년 동안 미국 콜로라도 라피즈에서 뛰게 되는데, 이때 LA갤럭시의 베컴과 만나 경기를 치른 적이 있다.

조율을 하며 팀을 이끌었다. 그는 "몸은 느려지는데 머리는 더욱 빨라진다"는 명언으로 자신의 포지션 변화에 대해 한마디로 설명했다. 1990년 성인팀에 데뷔해서 2014년까지 선수로 활약하며 맨체스터 유나이티드 역사상 963회로 최다 출장 기록을 보유하게 됐다.* 퍼거슨이 은퇴하고 데이비드 모예스David Moyes로 교체된 감독 체제에서 긱스는 플레잉 코치 Playing Coach, 즉 선수 겸 코치 역할까지 하며 뼛속까지 '원클럽맨One-Club Man'임을 보여준다. 그는 한 시즌도 못 채운 모예스 감독의 잔여 경기에 감독 대행까지 맡고, 루이스 반할Louis van Gaal 감독 체제에서 2년간 더 코치를 맡는다. 반할이 경질 됐을 때 감독 후보에도 올랐지만 아쉽게도 계약 성사가 이뤄지지 못했다. 당장에 코치 경험만 가지고 감독직을 수행한다는 것은 큰 무리가 있다고 판단한 것이다. 하지만 팬들은 훗날 긱스가 다른 팀에서 감독으로 성공한 뒤, 맨체스터 유나이티드의 지휘봉을 잡는 모습을 충분히 그려볼 수 있는 일이다. 퍼기의 아이들이 코치 역할로 맨체스터 유나이티드에 복귀한 일을 봐도 '선수'로서가 아닌, '감독'으로서 이야기가 다시 이어질 수 있다는 희망을 안겨준다.

---

* 폴 스콜스는 718경기 출장으로 3위, 게리 네빌은 602경기로 5위에 올라있다.

YNWA You'll Never Walk Alone
너는 절대 홀로 걷지 않으리

YNWA을 풀어서 쓰면 유월 네버 워크 얼론 You'll Never Walk Alone, "당신은 절대 혼자 걷지 않는다"는 뜻으로, 뮤지컬 《회전목마 Carousel, 1945》에서 나오는 노래다. 리처드 로저스 Richard Rodgers 가 작곡을 하고 오스카 해머 스타인 2세 Oscar Hammerstein II 가 작사를 했다. 가사는 다음과 같다.

 폭풍 속을 걸어갈 때에는
 어깨를 높이 들고
 어둠을 무서워하지 마라

 폭풍이 끝난 뒤에는
 종달새의 아름다운 은빛 노래와
 황금빛 하늘이 있을 테니

 바람을 헤치고 걸어라
 비를 헤치고 걸어라
 너의 꿈이 찢어지고 날아가더라도

 걸어라, 걸어라
 가슴속에 희망을 품고
 너는 절대 홀로 걷지 않으리
 너는 절대 홀로 걷지 않으리

가사는 고난 속에 희망과 용기를 주는 내용이다.
《회전목마》에서도 주인공의 아이를 임신한 주인공에
대한 이야기가 나올 때와 주인공 딸의 졸업식에서 나온다.
이런 가사 덕분에 실제 졸업식이나 행사 등에서도 종종
사용되기도 한다고. 축구팬에게 YNWA가 유명한 이유는
리버풀 서포터스 '더 콥 The Kop'의 응원가이기 때문이다. 이는
뮤지컬 《회전목마》의 원곡보단 리메이크로 발표된, 리버풀
출신 게리 앤 더 페이스메이커즈 Gerry & the Pacemakers의 〈유월
네버 워크 얼론 You'll Never Walk Alone, 1963〉으로 리버풀 홈 경기장인
안필드에서 불리게 된다. 경기장에서 불리게 된 이유도 이
가사 때문일 것이다. 서포터스는 선수나 팀이 잘하거나
못하거나 항상 응원해주고 함께하는 존재이다. 이런 밀접한
관계로 서포터스를 '열두 번째 선수'라고 부르기도 한다.
그런 서포터스가 선수에게 "너는 절대 홀로 걷지 않는다"는
메세지 Message를 전할 수 있다는 것은 경기장에서 뛰고 있는
선수에겐 형용할 수 없는 큰 힘이 된다.

    리버풀은 실제로 '이스탄불 Istanbul의 기적'으로 불리는
2005년 챔피언스리그 AC밀란과 결승 전반전을 3:0이라는
큰 점수 차로 끌려가며 끝마쳤다. 하프 타임에 팬들은
화내거나 실망하기보단 더 힘차게 YNWA를 불렀고, 후반
6분 동안 3득점을 몰아치며 승부를 원점으로 돌려놓는다.
이어 연장전을 지나 승부차기까지 가는 접전 끝에, 골키퍼
예지 두텍 Jerzy Dudek이 안드리 세브첸코 Andriy Shevchenko의 슈팅을
막으며 3:2로 승리하며 '20년 만에 챔피언스리그 우승'과 '5회
우승'이라는 쾌거를 이뤄낸다.

    그러나 〈유월 네버 워크 얼론〉을 응원가로 사용하는
팀은 비단 원조인 리버풀뿐만은 아니다. 도르트문트와

셀틱, 페예노르트 등 유럽에 많은 팀들도 이 응원가를 사용한다. 우리나라에서도 부천FC-1995 서포터스인 '헤르메스 HERMES'가 2000년대 중반에 이 응원가를 부르기도 했다. 2015년부터 리버풀의 지휘봉을 잡은 위르겐 클롭 Jurgen Klopp은 친정팀인 도르트문트와 만나며 '클롭 더비'라는 애칭이 붙었는데 일부 팬들은 'YNWA 더비'라고 부르기도 했다. 원조가 확실하지만 다른 팀들도 이 응원가를 즐겨 부르는 데에는 직접적으로 '리버풀을 상징하는 용어'가 없다는 것도 한몫했을 것이다. 보통 축구 응원가는 팀이나 선수 이름 등, 자신의 역사를 넣기 마련이다. 그렇다 보니 같은 응원가를 사용하려면 번거롭게 가사를 바꿔 불러야 하지만 YNWA는 그럴 필요 없이 쉽게 사용할 수 있다.

다른 팀들과 비교해보면 리버풀의 YNWA는 역사적으로도 중요한 위치에 있다. 리버풀 전설인 빌 샹클리 Bill Shankly의 업적을 기리기 위한, 경기장 내 '샹클리 게이트 Shankly Gate'의 상단부분에는 '유윌 네버 워크 얼론'이 새겨져 있다. 1982년에 새워진 샹클리 게이트는 1992년 새롭게 디자인된 리버풀 엠블럼에 포함되면서 팀을 상징하는 로고에도 YNWA가 새겨졌다. 선수들 또한 YNWA의 의미를 잘 알고 있다. 리버풀에서 선수 생활을 한 덴마크의 다니엘 아게르 Daniel Agger는 검지에서 새끼손가락까지—4개의 손가락에— YNWA를 한 글자 씩 문신으로 새기며 리버풀에 대한 충성심을 보여줬다.

2014년에는 리버풀 Liverpool에 위치한 '로얄 코트 극장 Royal Court Theatre'에서 뮤지컬 《YNWA: 리버풀 풋볼클럽의 공식 역사 The Official History of Liverpool Football Club, 2014》를 한 달 간 상영하기도 했다. 리버풀 축구 역사를 2시간에 담아내는 이

뮤지컬은 제목이 YNWA일 뿐만 아니라, 무대 뒤쪽 스크린 상단부분에는 YNWA가 새겨져 있는 '샹클리 게이트'를 그대로 재현한다. 또한 리버풀 지역을 넘어 2015년에는 말레이시아 쿠알라룸푸르에 위치한 스타디움 느가라 Stadium Negara에서도 상영하기도 했다.

2016년 K리그의 FC서울도 한국판 YNWA를 만들기 위해, 관중들과 하프타임 Half Time에 전인권의 〈걱정 말아요 그대 2014〉를 부르고 있다. 시작한 지 얼마 되지 않아 FC서울의 상징이 될지는 미지수지만 꾸준히 부른다면 한국판 YNWA도 기대해봐도 좋지 않을까.

찾아보기

「일러두기4p」에서 언급한 것처럼 국가와 클럽팀의 영문 명칭은 「찾아보기」에서 확인할 수 있다. 또한, 국가가 아닌 지역에 축구대표팀이 있을 경우에는 국가에 포함하여 정리되었음을 알린다.

국가

가나 Ghana 56
가봉 Gabon 56
가이아나 Guyana 42
과들루프 Guadeloupe 38
그리스 Greece 20, 99
기아나 Guiana 38, 42
나이지리아 Nigeria 56
남아프리카공화국(남아공)
　　Republic of South Africa 12, 14, 39, 55
네덜란드 Netherlands 20, 24, 55, 57, 76, 124, 125, 128, 137, 138
네팔 Nepal 96
뉴질랜드 New Zealand 60~64
덴마크 Denmark 20, 163
독일 Germany 14, 57, 72, 76, 77, 82~84, 96, 102, 125, 128, 141, 142
동독 東獨, Eest Germany 112
러시아 Russia 20, 42, 47, 109, 113, 154
마르티니크 Martinique 38
말레이시아 Malaysia 41, 46, 164
멕시코 Mexico 30, 33, 34, 36~40, 55, 120
모로코 Morocco 17
미국 United States of America 30, 34~40, 82, 84, 94, 97, 121, 141, 149, 159
미얀마 Republic of the Union of Myanmar 49
방글라데시 Bangladesh 49
베네수엘라 Bolivarian Republic of Venezuela 29, 31
베트남 Vietnam 46
벨기에 Belgium 20, 65, 98, 151
북마리아나 제도
　　Northern Mariana Islands 60
북아일랜드 Northern Ireland 18, 24, 151
북한 Democratic People's Republic of Korea 41, 43, 66, 120, 121
브라질 Brazil 14, 16, 28, 31, 33, 34, 39, 55, 95, 98, 110, 113, 124, 125, 136, 146

사우디아라비아 Saudi Arabia 16, 41, 121
생마르탱 Saint-Martin 38
서독 西獨, West Germany 97
세네갈 Senegal 102, 149
수단 Sudan 51, 55
수리남 Republic of Suriname 42
스웨덴 Sweden 98, 102
스위스 Switzerland 12, 18, 94
스코틀랜드 Scotland 18, 24, 74, 90, 93, 128, 141, 149, 151
스페인 Spain 20, 24, 27, 57, 62, 68, 72, 73, 76, 77, 81, 82, 87, 88, 99, 108, 112, 113, 116, 124, 125, 128. 131, 135, 137, 138, 141, 142
신트마르텐 Sint Maarten 38
아랍에미리트 United Arab Emirates 17
아르헨티나 Argentina 12, 28, 31, 33, 34, 97~100, 120, 135~137
아메리칸 사모아 American Samoa 96
아이티 Haiti 31
아프가니스탄 Afghanistan 45
앙골라 Angola 52
에콰도르 Ecuador 31, 33, 39
에티오피아 Ethiopia 55, 56
영국 United Kingdom 18, 115, 118, 141, 149
오스트리아 Austria 84
온두라스 Honduras 30
우루과이 Uruguay 12, 14, 28, 29, 31, 33, 62, 97, 132
우즈베키스탄 Uzbekistan 45

웨일스 Wales 18, 24, 114, 115, 141
유고슬라비아 Yugoslavia 98
이라크 Iraq 121
이란 Iran 44, 45, 109, 121, 122
이집트 Egypt 51, 55, 56, 112, 154
이탈리아 Italy 14, 20, 56, 57, 72, 76, 77, 81, 82, 93, 99, 110~113, 117, 118, 125, 128, 135, 141, 142, 147, 151, 152
인도네시아 Indonesia 46
일본(일) Japan 14, 16, 17, 20, 30, 34, 35, 41, 43~46, 66~69, 72, 74, 83, 94, 96, 101, 110, 114, 120~122
잉글랜드 England 18, 24, 25, 57, 66~69, 72, 74~77, 81, 82, 86, 87, 90, 93, 94, 95, 97, 99, 105, 112, 114, 115, 118, 120, 124, 128, 130, 141~143, 149~152
자메이카 Jamaica 30, 31
잠비아 Zambia 149
적도기니 Equatorial Guinea 56
중국(중) China 43, 46, 55, 72, 120
체코 Czech 20, 102
칠레 Chile 12, 31, 125
카메룬 Cameroon 92, 102, 125
카타르 Qatar 55, 121, 144
카탈루냐 Catalonia 108
캐나다 Canada 36, 38~40
코스타리카 Costa Rica 30, 31, 37
코트디부아르 Republic of Cote d'Ivoire 51
콜롬비아 Colombia 33, 39, 125, 146
키르기스스탄 Kyrgyzstan 49

타이 Thailand 46

타지키스탄 Tajikistan 49

타히티 Tahiti 62

터키 Turkey 16, 42, 102

토고 Togo 51, 53

투르크메니스탄 Turkmenistan 49

파나마 Panama 31

파라과이 Paraguay 28, 33, 102

파푸아뉴기니 Papua New Guinea 61

팔레스타인 Palestine 49

페루 Peru 39, 149

포르투갈 Portugal 20, 24, 74, 102, 128, 147

폴란드 Poland 112

프랑스 France 12, 14, 20, 21, 24, 29, 57, 66, 67, 72, 74, 76, 98, 101, 102, 120, 121, 128, 135, 141, 151

피지 Fiji 61

필리핀 Philippines 41, 46

한국(한, 우리나라) Republic of Korea 13~16, 20, 29, 41, 43~47, 65~70, 72~76, 82, 83, 86, 88~80, 94, 96, 101, 107, 109~112, 114, 120~122, 126, 130, 132, 139, 143, 144, 148, 151, 163, 164

헝가리 Hungary 98, 112

호주 Australia 41, 42, 44, 55, 60~62, 64, 72, 96, 101, 109

홍콩 Hong Kong 43, 158

클럽팀

AC밀란 AC Milan 23, 92, 93, 118, 125, 129, 131, 133, 135, 141, 147, 162

FC레드불 잘츠부르크 FC Red Bull Salzburg 84

FC바르셀로나 FC Barcelona 23, 88, 89, 91, 93, 116~118, 128, 131, 135, 137, 138

FC서울 FC Seoul 83, 105, 106, 119, 126, 127, 144, 147, 164

FC인테르나치오날레 밀라노 FC Internazionale Milano 118

FC크로토네 FC Crotone 147

LA갤럭시 LA Galaxy 159

PSV아인트호벤 PSV Eindhoven 128

RB라이프치히 RB Leipzig 84

RC랑스 RC Racing 92

광주FC Gwangju FC 144

베로나FC Verona FC 88

나폴리 SSC Napoli 92, 135

노팅엄 포레스트 Nottingham Forest FC 133, 153

뉴욕 레드불스 New York Red Bulls 84

뉴캐슬 유나이티드 Newcastle United FC 77, 158

뉴턴히스 Newton Heath FC 126

대구FC Daegu FC 83, 144

대우 로얄즈 Daewoo Royals FC 92

대전 (시티즌) Daejeon Citizen FC 82

대한중석축구단 大韓重石蹴球團 47

도르트문트 Borussia Dortmund 141, 162, 163

라치오 SS Lazio 93, 99
레스터 시티 Leicester City FC 77
레알 마드리드 (CF) Real Madrid CF
　23, 77, 82, 93, 100, 116~118,
　131~134, 141, 157
레인저스 FC Rangers FC 149, 150
리버 플레이트 CA River Plate 33
리버풀 Liverpool FC 23, 118, 124,
　130, 131, 133, 142, 151~154,
　162, 163
맨체스터 시티 Manchester City FC
　77, 90, 92, 118, 130, 142
맨체스터 유나이티드
　Manchester United FC 77, 91, 93,
　100, 114, 118, 124, 126~127,
　128, 130, 139, 141, 148, 149,
　155~158, 160
미들즈브러 Middlesbrough FC 124
바이에른 뮌헨 FC Bayern München
　23, 96, 128, 131, 133, 139
발렌시아 CF Valencia CF 77
버밍엄 시티 Birmingham City FC
　157, 158
벤피카 SL Benfica 133, 147
보카 주니어스 CA Boca Juniors 33
본머스 AFC Bournemouth 124
볼튼 원더러스 Bolton Wanderers FC 150
볼프스부르크 VfL Wolfsburg 96
부산 아이파크 Busan IPark FC 92
부천FC-1995 Bucheon FC 1995 92, 163
부천SK Bucheon SK FC 85, 92
브라이튼 앤 호브 알비온
　Brighton & Hove Albion FC 150

비야레알 Villarreal CF 77
사우샘프턴 Southampton FC 77, 124
삼프도리아 UC Sampdoria 99
샤페코엔시 Chapecoense 146~148
서울 이랜드 Seoul E-Land FC 94
선더랜드 Sunderland AFC 124
성남FC Seongnam FC 119
세비야 Sevilla FC 24, 25
셀틱 Celtic FC 128, 149, 150, 163
셰필드 웬즈데이
　Sheffield Wednesday FC 90
수원 삼성 (블루윙즈)
　Suwon Samsung Bluewings FC
　82, 92, 105, 106, 119, 126,
　127, 144, 147
수원FC Suwon FC 119
스완지 시티 Swansea City AFC 77, 90
스토크 시티 Stoke City FC 124, 150
아스날 Arsenal FC 90, 91, 118, 124,
　142, 157
아약스 AFC Ajax 92, 128, 131, 133
아틀레티코 나시오날
　Atlético Nacional 146
안양LG 치타스
　Anyang LG Cheetahs FC 83
양지축구단 陽地蹴球團 47
에버딘 Aberdeen FC 93
에버튼 Everton FC 90, 118, 158
오클랜드 시티 Auckland City FC 63
올림피크 리옹 Olympique Lyonnais 92
우라와 레즈 Urawa Red Diamonds 106
울산 현대 Ulsan Hyundai FC 119

웨스트 브롬위치
West Bromwich Albion FC 77
웨스트햄 유나이티드
West Ham United FC 124,
126, 142
유벤투스 Juventus FC 151, 152
육군축구단 陸軍蹴球團 47
인데펜디엔테 CA Independiente 33
인천 유나이티드 (FC)
Incheon United FC 83, 119,
126, 144
인터밀란 Inter Milan 141, 92, 93, 117,
118, 125, 128, 133
지로나FC Girona FC 88
전남 드래곤즈 Jeonnam Dragons FC
119, 144~155, 119
전북 현대 (모터스)
Jeonbuk Hyundai Motors FC 82, 119
제주 유나이티드 Jeju United FC 85
첼시 Chelsea FC 25, 77, 90, 129,
130, 142
콜로라도 라피즈 Colorado Rapids 159
크리스탈 팰리스 Crystal Palace FC 156
타이거스 UANL Tigres UANL 33
템스 아이언웍스
Thames Ironworks FC 127
토리노FC Torino FC 147
파추카 CF Pachuca 34
페예노르트 Feyenoord Rotterdam 163
포츠머스 Portsmouth FC 93
포항 스틸러스 FC Pohang Steelers 119
헐시티 Hull City AFC 77

대회
AFC컵 AFC Cup 49, 50
CAF컵 CAF Cup 58, 59
CECAFA컵 CECAFA Cup 52, 53
CEMAC컵 CEMAC Cup 52, 53
CFA컵 CFA Cup 72
DFB포칼 DFB Pokal 72
FA컵 FA Cup 24, 71, 72, 73, 75~78,
87, 90, 105, 106, 124, 126, 129,
130, 147, 150, 153, 157
FFA컵 FFA Cup 72
J리그 J-League 68, 94
J리그컵 J-League Cup 34, 74
K3리그 베이직 K3-League Basic 70, 73
K3리그 어드밴스 K3-League Advance
70, 73
KNVB컵 KNVB Cup 24
K리그 K-League 67~70, 75~77, 83,
86, 89, 92~94, 126, 127, 144,
145, 147, 151, 164
K리그 주니어 K-League Junior 89
K리그 챌린지 K-League Challenge 70,
73, 94, 119
K리그 클래식 K-League Classic 70, 73
R리그 Reserve League 86
U-19 챔피언십 (CAFA) Championship 45
U-20 월드컵 U-20 World Cup 13,
101, 143
UEFA컵 UEFA Cup 25, 27, 58, 59,
102, 130
걸프컵 Gulf Cup of Nations 54
고교클럽 챌린지리그 High School Club
Challenge League 89

골드컵 Gold Cup 15, 37~40, 46, 54, 55
남부리그 Southern League 76
내셔널리그 National League 69, 70, 73
네이션스리그 Nations League 19, 20
네이션스컵 (WAFU) Nations Cup 52, 53
다이너스티컵 Dynasty Cup 43
대통령배 국제축구대회
　　大統領杯國際蹴球大會 72
동아시안컵 East Asian Cup 42~44
레코파 수다메리카나
　　Recopa Sudamericana 26, 32, 34, 35
리그컵 League Cup 24, 67, 73~75, 105, 128~130
멜라네시아 슈퍼컵
　　Melanesia Super Cup 61
밀크컵 milk Cup 74
분데스리가 Bundesliga 84, 96
서아프리카 클럽 챔피언십 West African Club Championship 52, 53
세군다 디비시온 Segunda División 87
세리에A Serie A 99, 125
솔리데리티컵 (AFC) Solidarity Cup 47
수페르코파 수다메리카나
　　Supercopa Sudamericana 35
수페르코파 Supercoppa/Supercopa 76
슈퍼컵 Super Cup 19, 23, 26, 27, 31, 32, 34, 35, 40, 48, 57~59, 64, 67, 75~77, 129
스루가은행 챔피언십
　　SURUGA bank Championship 34
아랍네이션스컵 Arab Nations Cup 54
아르헨티나 프리메라 디비시온
　　Primera División de Argentina 100

아시안 슈퍼컵 Asian Super Cup 48
아시안 챔피언 클럽 토너먼트
　　Asian Champion Club Tournament 47
아시안 클럽 챔피언십
　　Asian Club Championship 47
아시안게임 Asian Games 61, 96
아시안컵 Asian Cup 15, 16, 42, 45~47, 55, 61, 62, 104, 108, 111, 114, 122, 132
아프리카네이션스컵 Africa Cup of Nations 15, 51, 52, 54~56
아프리칸 챔피언스 클럽컵
　　African Cup of Champions Club 57
아프리칸네이션스 챔피언십
　　African Nations Championship 56
여자월드컵 Women's World Cup 13
오세아니아 클럽 챔피언십
　　Oceania Club Championship 63
오세아니아네이션스컵 OFC Nations Cup 15, 55, 61, 62
올림픽 Olympic 46, 47, 66, 93, 108, 122, 143
완톡컵 Wantok Cup 61
요한 크루이프 스할
　　Johan Cruyff Schaal 76
월드컵 World Cup 12~16, 18~22, 28, 29, 31, 37, 38, 41, 42, 44~47, 51, 54~56, 60, 62, 66, 71, 83, 93~99, 101~105, 108, 109~111, 120~122, 124, 125, 132, 135, 137, 138, 143, 144, 149
유러피언컵 European Cup 21, 23, 32, 128, 132, 133, 148, 151, 152

유로 Euro 15, 19~22, 31,
　　44~47, 55, 56, 62, 98, 99,
　　101~103, 108
유로파리그 Europa League 19, 22~27,
　　32~35, 39, 40, 48, 49, 57~59,
　　71, 74, 102, 104, 105, 124, 129,
　　130, 139, 146
유스컵 (FA) Youth Cup 156, 159
인터시티스 페어스컵
　　Inter-Cities Fairs Cup 25
인터컨티넨탈컵 Intercontinental Cup
　　17, 31, 32
자이언츠컵 Giants Cup 40
전국 고등축구리그 89
채리티 실드 Charity Shield 75, 76
챌린지컵 (AFC) Challenge Cup 47
챌린지컵 (AFC·OFC) Challenge Cup 61
챔피언스리그 (UEFA, CONCACAF, AFC,
　　CAF, OFC) Champions League 16, 17,
　　19, 21~26, 32~35, 39, 40, 42,
　　43, 47~50, 57~59, 61, 63, 64,
　　68, 69, 71, 75, 92, 94, 99, 100,
　　104, 105, 106, 124, 127~129,
　　131~134, 137,
　　139, 141, 142, 148, 152,
　　157~159, 162
챔피언스컵 (A3) Champions Cup 42, 43
챔피언스컵 (CONCACAF) Champions' Cup
　　39, 40
챔피언십 스즈키컵 (AFF)
　　Championship SUZUKI Cup 42, 44
챔피언십 (CCCF) Championship 36, 38
챔피언십 (CONCACAF) Championship 38

챔피언십 (NAFC) Championship 36
천황배(일왕배) 天皇杯 72
칼링컵 Carling Cup 74
캄페오나투 브라질레이루 세리이A
　　Campeonato Brasileiro Série A 146
캄페오나투 수다메리카노
　　데 캄페오네스 Campeonato
　　Sudamericano de Campeones 32
캐리비안컵 (CFU) Caribbean Cup
　　37, 38, 40
캐피탈원컵 Capital One Cup 74
커뮤니티 실드 Community Shield 76
컨페더레이션스컵 Confederations Cup
　　13, 15, 16, 19, 20, 31, 38, 46,
　　54, 58, 62, 102
컨페더레이션컵 Confederation Cup
　　57, 58, 59, 71
컵위너스컵 (UEFA, CONCACAF, Asian,
　　African, Oceania) Cup Winners Cup
　　25, 27, 40, 48, 58, 59, 64
코파 데 라 리가 Copa de la Liga 73
코파 델 레이(국왕컵) Copa del Rey
　　24, 72, 73, 87
코파 리베르타도레스 Copa Libertadores
　　17, 32~35, 40, 50, 68, 104
코파 메르코노르테 Copa Merconorte 34
코파 메르코수르 Copa Mercosur 34
코파 센트로아메리카나
　　Copa Centroamericana 36, 37
코파 수다메리카나 Copa Sudamericana
　　32~35, 39, 50, 71, 104, 146
코파 아메리카 센테나리오 Copa
　　America Centenario 30, 31, 37

코파 아메리카 Copa America 15, 16, 28~31, 33, 39, 45, 55
코파 이탈리아 Coppa Italia 72
코파 인터아메리카나 Copa Interamericana 40
코파 인터클럽스 (UNCAF) Copa Interclubes 37, 40
코파 콘메볼 Copa CONMEBOL 34
쿠프 드 프랑스 Coupe de France 73
클럽 챔피언십 (CFU) Club Championship 40
클럽월드챔피언십 Club World Championship 17
클럽월드컵 Club World Cup 13, 16, 17, 21, 32, 39, 43, 57, 63, 129
클럽컵 (CECAFA) Club Cup 52, 53
킹파드컵 King Fahd Cup 16
타이거컵 Tiger Cup 44
테르세라 디비시온 Tercera División 87
토너먼트 (UEMOA) Tournament 52, 53
토요타컵 TOYOTA Cup 17
트로페 데 샹피옹 Trophée des champions 76
페루 프리메라 디비시온 Primera División del Perú 149
풋볼리그 원 Football League One 74
풋볼리그 챔피언십 Football League Championship 74, 150
풋볼리그 투 Football League Two 74
풋볼리그 트로피 Football League Trophy 74
풋볼리그 Football League 76, 124
풋볼리그컵 Football League Cup 74, 124

프레지던스컵 (AFC) President's Cup 49, 50
프레지던스컵 (OFC) President's Cup 61
프로페셔널 디벨로프먼트 리그 Professional Development League 86
프리메라리가 Primera Liga 24, 68, 77, 87, 99
프리미어리그 Premier League 67, 68, 74, 76, 77, 86, 94, 95, 124, 154, 156, 157

인물
가레스 베일 Gareth Bale 98, 117
가브리엘 바티스투타 Gabriel Batistuta 98
게리 네빌 Gary Neville 155, 156, 158~160
게리 앤 더 페이스메이커즈 Gerry & the Pacemakers 162
곤살로 이과인 Gonzalo Higuaín 99
권하늘 111
기예르모 스타빌레 Guillermo Stábile 97
김병지 94
김정미 111
김주성 92
김태영 111
김호곤 111, 112
네마냐 비디치 Nemanja Vidic 158
네빌 브로디 Neville Brody 95
네이마르 Neymar 117
니키 버트 Nicky Butt 155, 156, 158
다니엘 아게르 Daniel Agger 163
다비드 트레제게 David Trezeguet 101, 102

대런 플레처 Darren Fletcher 155
던컨 에드워즈 Duncan Edwards 148
데이비드 모예스 David Moyes 160
데이비드 베컴 David Beckham 91, 117, 120, 122, 155~159
데이비드 츠릴릭 David Zdrilic 96
드와이트 요크 Dwight Yorke 157
디디에 드록바 Dideier Drogba 51
디에고 마라도나 Diego Maradona 91, 92, 120, 135
디에고 시메오네 Diego Simeone 120
디에고 코스타 Diego Costa 113, 114
라울 곤잘레스 Raul Gonzalez 117
라이언 긱스 Ryan Giggs 114, 155, 156, 158~160
라이언 윌슨 Ryan Wilson 114
로니 욘셴 Ronny Johnsen 157
로랑 블랑 Laurent Blanc 102
로베르트 레반도프스키 Robert Lewandowski 96, 97
로이 킨 Roy Keane 158
로타어 마테우스 Lothar Matthaus 136
루이스 반할 Louis van Gaal 160
루이스 수아레즈 Luis Suarez 117
루이스 피구 Luis Figo 117, 118
리 샤프 Lee Sharpe 155
리 타다나리(이충성) Lee Tadanari 144
리오넬 메시 Lionel Messi 88, 89, 91, 99, 117, 136~138
리처드 로저스 Richard Rodgers 161
마이클 오언 Michael Owen 91, 120
마이클 조던 Michael Jordan 93
마이클 캐릭 Michael Carrick 158

마크 휴즈 Mark Hughes 156
맷 버스비 Matt Busby 148
멤피스 데파이 Memphis Depay 91
모하메드 빈 함마 Mohammed Bin Hammam 46
미셸 플라티니 Michel Platini 98, 136, 138
박성화 111
박주영 93, 112
박지성 111, 148, 158
반 바스텐 Van Basten 136, 138
발렌티노 마촐라 Valentino Mazzola 147
백승호 88
베르트 파테노드 Bert Patenaude 97
베슬리 스네이더 Wesley Sneijder 138
보비 무어 Bobby Moore 113
보비 찰튼 Bobby Charlton 113, 148
브라이언 롭슨 Bryan Robson 91, 156
비비안 푀 Vivien Foe 92
빌 라이트 Bill Wright 113
빌 샹클리 Bill Shankly 163
사비 에르난데스 Xavi Hernandez 117, 138
샤이크 살만 Shaikh Salman 42
세르히오 아구에로 Sergio Agüero 98
송종국 92
스티브 브루스 Steve Bruce 157
스티븐 제라드 Steven Gerrard 112, 113
시니사 미하일로비치 Sinisa Mihajlovic 99
아메드 하산 Ahmed Hassan 112
아치 톰슨 Archie Thompson 96
안드레스 이니에스타 Andres Iniesta 138

안드리 세브첸코 Andriy Shevchenko 162
안정환 101, 102
안토니오 발렌시아 Antonio Valencia 91
알레한드로 도밍게스
　　Alejandro Damian Dominguez 31
알렉스 퍼거슨 Alex Ferguson 155, 157~160
알폰소 13세 Alfonso XIII 116~117
알프레도 디 스테파노 Alfredo Di Stefano 135
앙리 들로네 Henri Delaunay 20, 23
앙리 카마라 Henri Camara 102
앙헬 디 마리아 Angel Di Maria 91
애슐리 콜 Ashley Cole 112
야프 스탐 Jaap Stam 157
에드윈 반 데 사르
　　Edwin van der Sar 158
에릭 칸토나 Eric Cantona 91, 156, 157
엠마뉴엘 아데바요르
　　Emmanuel Adebayor 51, 52
예지 두덱 Jerzy Dudek 162
오마르 시보리 Omar Sivori 135
오스카 해머스타인 2세
　　Oscar Hammerstein II 161
올레 군나르 솔샤르
　　Ole Gunnar Solskjaer 157
올리버 비어호프 Oliver Bierhoff 102
요제프 보즈식 Joszef Bozsik 112
요한 크루이프 Johan Cruyff 76, 92, 136, 138
웨스 브라운 Wes Brown 155
웨인 루니 Wayne Rooney 112
위르겐 클롭 Jurgen Klopp 163

유상철 111
이동국 111
이반 사모라노 Ivan Zamorano 93
이승우 88
이시드로 랑가라 Isidro Lángara 99
이영표 111
이운재 111
이케르 카시야스 Iker Casillas 112, 117
일한 만시즈 Ilhan Mansiz 102
장 마르크 보스만 Jean-Marc Bosman 65
제프 허스트 Geoff Hurst 97, 98
조영증 111, 112
조지 베스트 George Best 91
조지 웨아 George Weah 135
존 오셔 John O'Shea 155
주니뉴 페르남부카누
　　Juninho Pernambucano 99
쥐스트 퐁텐 Justo Fontaine 98
쥘 리메 Jules Rimet 14
즐라탄 이브라히모비치
　　Zlatan Ibrahimovic 117
지네딘 지단 Zinedine Zidane 102, 117, 136, 137
지아니 인판티노 Gianni Infantino 13
차범근 111
최순호 112
카를레스 푸욜 Carles Puyol 117
카림 벤제마 Karim Benzema 117
카지마에즈 데이냐 Kazimierz Deyna 112
카카 Kaka 117, 136
코치시 샨도르 Kocsis Sándor 98
크리스티아누 호날두 Cristiano Ronaldo 91, 98, 117, 138, 158

테디 셰링험 Teddy Sheringham 157
테리 쿠크 Terry Cooke 159
티에리 앙리 Thierry Henry 91, 102, 117
파비오 칸나바로 Fabio Cannavaro 117
파울로 말디니 Paolo Maldini 92
패트릭 에브라 Patrice Evra 158
페르난도 이에로 Fernando Hierro 117
펠레 Pele 98, 135
폴 스콜스 Paul Scholes 155, 156,
    158~160
폴 인스 Paul Ince 156
프랭크 램파드 Frank Lampard 112
피에르 들로네 Pierre Delaunay 20
피터 쉴톤 Peter Shilton 112
필 네빌 Phil Neville 155, 156, 158, 159
하비에르 자네티 Javier Zanetti 92
한스 위르겐 되너
    Hans Juergen Doerner 112
허정무 111, 112
호나우두 Ronaldo 93, 100, 117,
    136, 137
호나우지뉴 Ronaldinho 91, 93,
    117, 136
호마리우 Romario 91
호베르트 카를로스 Roberto Carlos 117
호세 루이스 칠라베르트
    José Luis Chilavert 99, 100
홍명보 93, 110, 111
황선홍 96, 97, 111
히바우두 Rivaldo 91, 117, 136
히참 제루알리 Hicham Zerouali 93

축구용어해설집:
키워드로 읽는 축구 이야기

초판 1쇄 발행. 2018년 2월 6일

지은이. 김성진
발행 및 편집. 마이너리티 프레스
인쇄 및 제책. 인타임

마이너리티 프레스
출판 등록. 2017년 10월 13일
(제2017-000263호)
04194 서울시 마포구
백범로 205, 101동 1708호
전화. 02-2612-8644
팩스. 02-6455-8655
이메일. mnrt.info@minoritypress.kr
홈페이지. www.minoritypress.kr

ISBN 979-11-962201-0-5 03690
값 12,000원

이 도서의 국립중앙도서관 출판예정도서목록(CIP)은 서지정보유통지원시스템 홈페이지(http://seoji.nl.go.kr)와 국가자료공동목록시스템(http://www.nl.go.kr/kolisnet)에서 이용하실 수 있습니다. (CIP제어번호: CIP2018000560)

마이너리티 프레스는 삶에 긍정적 변화를 가져오는 좋은 원고를 환영합니다.